班组安全建设100例丛书

班组
安全教育
100例

崔政斌　张美元　编著

BANZU
ANQUAN JIAOYU
100LI

化学工业出版社

·北京·

内 容 简 介

《班组安全教育 100 例》是"班组安全建设 100 例丛书"中的一个分册。

本书通过 100 个例子来阐述班组安全教育的理论、方法和对新时期班组安全教育的探讨，是关于班组安全教育的一本较为全面的专著。

本书共分四章：第一章班组安全教育应"寓教于乐"；第二章班组安全教育方法；第三章班组安全工作谈话谈心教育；第四章新时期班组安全教育探讨。本书部分内容配有视频讲解，读者可通过扫描二维码观看。

本书既可作为企业各级领导，特别是企业班组长和企业员工进行安全教育的培训教材，也可作为从事班组安全教育研究、教学的师生和研究人员的参考用书。

图书在版编目（CIP）数据

班组安全教育 100 例/崔政斌，张美元编著．—北京：化学工业出版社，2021.1（2025.6 重印）
（班组安全建设 100 例丛书）
ISBN 978-7-122-38082-1

Ⅰ.①班⋯　Ⅱ.①崔⋯②张⋯　Ⅲ.①班组管理-安全管理　Ⅳ.①F406.6

中国版本图书馆 CIP 数据核字（2020）第 244589 号

责任编辑：高　震　杜进祥　　　　　文字编辑：林　丹　段日超
责任校对：李　爽　　　　　　　　　　装帧设计：韩　飞

出版发行：化学工业出版社（北京市东城区青年湖南街 13 号　邮政编码 100011）
印　　装：涿州市般润文化传播有限公司
710mm×1000mm　1/16　印张 12½　字数 205 千字
2025 年 6 月北京第 1 版第 3 次印刷

购书咨询：010-64518888　　　　　　　售后服务：010-64518899
网　　址：http://www.cip.com.cn
凡购买本书，如有缺损质量问题，本社销售中心负责调换。

定　价：48.00 元　　　　　　　　　　　　　　　　　版权所有　违者必究

丛书序

2004年，我们出版了《班组安全建设方法100例》，之后又出版了《班组安全建设方法100例新编》，紧接着出版了《班组安全建设方法100例》第二版、第三版和《班组安全建设方法100例新编》第二版。在这十几年的时间里，我们共出版班组安全图书5种，为满足广大读者的需求，多次重印，累计发行超过10万册。这也说明，班组的安全工作是整个企业安全工作的基础，班组安全工作的顺利进行，企业的安全工作即顺利进行，这是广大企业的共识。

我们感觉到，虽然班组安全建设图书得到了广大读者的厚爱，但是，反过来再看这些出版了的班组安全建设图书，总觉得有些不全面、不系统、不完善。很有必要把原先的好的班组安全管理方法保留下来，增加、充实一些诸如班组现场安全管理、班组安全操作规程、班组安全教育和班组安全文化方面的内容，形成一套系列丛书，可能会对企业班组和广大班组员工的安全生产、安全管理、安全检查、安全教育、安全法制、安全思想、安全文化等诸方面起到不一样的引导、促进作用。于是，我们在原来班组安全图书的基础上，进行了扩充、完善和增补，形成了"班组安全建设100例丛书"。

该丛书包括《班组长安全管理妙招100例》《班组现场安全管理100例》《班组安全操作规程100例》《班组安全教育100例》《班组安全文化建设100例》。

《班组长安全管理妙招100例》基本上是优选的管理经典，结合现在企业班组安全管理和班组长的状况，我们从生产一线精选出100个密切联系实际、贴合班组、心系员工的例子，来给广大班组长安全管理出主意、想办法、共谋略、同发展。

《班组现场安全管理100例》按照一般企业班组现场安全生产和安全管理的要求，从现场的应急与救护、现场作业的安全方法、现场安全管理的国家政策以及现场安全思想工作方法，用100个例子全面系统地加以阐述，其目的是想给班组现场安全管理提供一些思路和方法。

《班组安全操作规程100例》包含建筑施工、机械、电工、危险化学品四个行业的常用安全操作规程。建筑施工比较普遍，现代化建设离不开建筑施工。机械的规程是必须要有的，因为机械工业是一切工业之母。电工作业安全规程也是必不可少的，因为工业生产的动力之源主要是电源。另外，危险化学品的生产、操作、储存、运输环节都是危险的，很有必要汇入本分册中。

《班组安全教育100例》针对原书中方法较少的不足，新增大部分篇幅，对班组安全教育应"寓教于乐"、班组安全教育方法、班组安全工作谈话谈心教育以及新时期班组安全教育探讨，均做了一定的归纳、整理和研究。旨在让广大员工在进行安全教育活动时，能够取得好的成绩和效果。

《班组安全文化建设100例》从企业安全文化发展的趋势以及班组安全文化建设的思路、方法、思想等方面进行研究和探索。从班组安全文化建设的基本方法、班组安全文化建设的思想方法、班组安全文化建设的管理方法和班组安全文化建设的操作方法四个方面全面论述班组安全文化建设，为班组提供安全文化建设方法和食粮。

在我们编写这套丛书的过程中，化学工业出版社有关领导和编辑给予了悉心指导和大力帮助，在此出版之际，表示衷心的感谢和诚挚的敬意。也感谢参与本丛书编写的各位同志，大家辛苦了。

崔政斌
2020年9月于河北张家口

前言

班组安全教育是安全工作的重要组成部分，是整个安全工作的"半壁江山"。班组是企业的细胞，班组成员大多数处于生产第一线，接触危险、危害的概率也最高。因此，通过安全教育可以提高员工的安全意识，增长员工的安全技能，规范员工的安全行为，实现班组的安全生产。

班组安全教育要突出实效，要由以往枯燥空洞的说教向感性教育转变，使员工逐步从被动的"要我安全"转变为主动的"我要安全"。各级组织要发挥各自优势，积极配合工厂、车间和班组做好此项工作，党团组织要侧重于宣传教育和引导，工会组织要侧重于维护员工权益和加强劳动保护。班组安全教育要从多方面入手，树立先进典型，营造学习先进、崇尚先进、争做先进的浓厚氛围，促使员工自觉增强安全责任心。

班组安全教育要以事故案例为教材，使员工牢记血的教训，时刻引以为戒。可以将典型的工伤事故制作成警示教育栏，讲清事故的过程和应吸取的教训，展示于班组的显要位置，在潜移默化中影响和教育员工。

班组安全教育还应采取奖惩方式。对在工作中认真负责、遵章守纪、制止"三违"行为、及时发现和排除隐患、避免人身伤亡和重大设备损坏事故的有功人员，要大力宣传、表彰和奖励；对工作失职、自由散漫、麻痹大意或有"三违"行为者，要严格按照规章制度给予处罚。

另外，班组整体技术水平的高低体现在班组成员对本岗位实用技术的掌握和运用能力上，因此要经常对班组成员进行业务技术培训，努力提高班组安全管理水平。特别是对新工人和转岗、调岗人员，一定要重点进行岗前安全教育培训，合格后才能上岗操作。同时要结合班组的工作实际，适时开展各项安全教育活动，如岗位练兵、模拟演习、事故预想等，加深班组成员对有关规章制度的理解和认识。班组要以八大员为基础，分解管理任务，明确各人责任，按照全员参与、全员管理的原则将安全教育制度管理的目标分解到班组每一位成员，从而提高班组成员参与安全教育管理的普遍性和积极性。

班组安全教育教材是班组进行安全教育的基本载体。使用针对性、操作性强的教材，可更好地了解安全生产状况、规范安全操作行为、传递安全生产信息、吸取安全生产教训、总结安全生产经验。笔者在研究班组安全教育教材时发现，相当多的教材不规范、内容空洞、操作性差、针对性弱。多数班组用了一、二级教育的内容，甚至连班组岗位的任务、作用、特点、设备、安全装置、安全规程、防护用品、事故教训都没有搞清楚，根本起不到班组安全教育应起的作用。

基于以上的认识和体会，我们编写了这本《班组安全教育100例》，旨在通过该书让广大班组员工掌握安全教育的方法，在班组安全活动中融入安全教育的内容和方法，通过班组长与员工的谈心谈话、班组员工之间的谈心谈话进行安全教育，并对新时期安全教育工作进行了一定的探索。本书分为四章，第一章为班组安全教育应"寓教于乐"、第二章为班组安全教育方法、第三章为班组安全工作谈话谈心教育、第四章为新时期班组安全教育探讨。全书围绕班组安全教育这一主题进行叙述，给出了100个工作方法。相信该书的出版会给企业班组安全教育工作增添活力，会给班组安全教育工作带来新的思路。本书对部分内容配有视频讲解，读者扫描书中二维码，在手机上即可观看，帮助读者深入理解。

本书所配视频由"化工安全教育公共服务平台"提供，在此表示衷心感谢。

本书在编写过程中，化学工业出版社有关领导和编辑给予了悉心指导和帮助，在此出版之际，表示衷心的感谢。本书在编写过程中得到了石跃武、崔佳、杜冬梅、范拴红、李少聪等同志的大力帮助，在此也表示诚挚的谢意。

崔政斌　张美元
2021年1月于张家口

目 录

第一章　班组安全教育应"寓教于乐"

1. 五项系列活动促进班组安全教育 …………………………… 002
2. 正确运用"寓教于乐"的安全教育形式 ……………………… 003
3. 班组安全教育要做到"四个结合" …………………………… 004
4. 正确认识班组安全学习中的辩证法 ………………………… 005
5. 对班组构建安全教育"自主培训"模式的思考 ……………… 007
6. 事故案例教育是实现班组安全生产的有效途径 …………… 009
7. 等待：一种重要的班组安全教育方法 ……………………… 010
8. 给下属留足发展空间也是一种教育 ………………………… 012
9. "望、闻、问、切"在安全教育中的有效运用 ……………… 014
10. 员工的安全工作牢骚话里可淘金 …………………………… 015
11. 员工安全知识自我教育方法 ………………………………… 017
12. 教学游戏课件在班组安全教育培训中的应用 ……………… 019
13. 班组安全教育培训要在"结合"上下功夫 ………………… 020
14. 网络安全教育培训受欢迎 …………………………………… 022
15. 提高班组安全教育效果"六法" …………………………… 023

第二章　班组安全教育方法

16. 班组安全思想教育不容忽视 ………………………………… 027
17. 把安全理论送进班组 ………………………………………… 028
18. 班组学好用好安全理论的途径 ……………………………… 029
19. 提高用人艺术，发挥人才效益 ……………………………… 031
20. 靠什么赢得员工心 …………………………………………… 032

21. 班组安全队伍建设关键在"养" …………………………… 034
22. 班组安全教育应因时、因人而异 …………………………… 035
23. 把员工牢骚当镜子是对领导者的教育 …………………… 037
24. 班组安全教育：安全哲学指方向 …………………………… 039
25. 安全教育应掌握思维科学的安全哲学 …………………… 041
26. 教育员工必须掌握安全管理公理 …………………………… 042
27. 班组安全教育要搞清"安全发展"的意义 ………………… 045
28. 班组要进行事故预防对策教育 …………………………… 047
29. 要强化对人为事故的对策教育 …………………………… 050
30. 设备事故的预防性安全教育 ……………………………… 054
31. 班组须进行预防发生环境事件的教育 …………………… 057
32. 安全教育要掌握时间因素导致事故的规律 ……………… 058
33. 班组员工须学习安全行为科学 …………………………… 060
34. 安全教育要学会导致事故的心理及控制 ………………… 061
35. 企业安全投资需纳入安全教育的内容 …………………… 064
36. 事故预想是预防事故的良策 ……………………………… 066
37. 对班组盲区的教育管理很重要 …………………………… 068
38. 班组安全教育应"培"与"训"并重 ………………………… 070
39. 员工安全培训需"学而时习之" …………………………… 072
40. 安全培训教师要掌握开启他人心扉的钥匙 ……………… 074
41. 安全教育要给"落实难"对症下药 ………………………… 076
42. 班组安全教育要讲到"点子"上 …………………………… 078
43. 班组完善安全培训的三个着力点 ………………………… 080
44. 解决员工的安全思想问题依靠"三导" …………………… 082
45. 构建班组安全培训工作大格局 …………………………… 085
46. 安全教育须做好重点人的转化工作 ……………………… 087

第三章　班组安全工作谈话谈心教育

47. 提高班组安全教育说服效果的"四个结合" ……………… 090
48. 称赞下属是一种教育方法 ………………………………… 092
49. 与下属交流感情有利于班组安全生产 …………………… 093
50. 与失意的下属安全谈心要多点切入 ……………………… 094

51. 做好安全谈心的六个尺度 …………………… 095
52. 与下属安全工作谈话"忌语"录 ……………… 097
53. 说服下属安全执行工作任务的艺术 …………… 098
54. 安全教育谈话的三字策略 ……………………… 100
55. 安全教育谈话要做到"五有" …………………… 102
56. 增强批评教育针对性的"五异"法 ……………… 104
57. 安全教育中说服工作的启发艺术 ……………… 106
58. 班组安全教育谈话的言之六要 ………………… 108
59. 掌握批评教育的技巧 …………………………… 111
60. 班组安全教育中安慰的艺术 …………………… 112
61. 提高安全工作批评教育质量的要领 …………… 114

第四章 新时期班组安全教育探讨

62. 浅谈班组安全教育三题 ………………………… 118
63. 班组安全教育的形式 …………………………… 119
64. 班组安全教育的基本原则 ……………………… 121
65. 班组安全教育须注重实效 ……………………… 122
66. 班组安全教育须深化 …………………………… 125
67. 善用培训工具，搞好班组安全 ………………… 127
68. 班组杜绝"三违"安全教育刻不容缓 …………… 128
69. 加强员工违章心理的安全教育 ………………… 129
70. 职业安全健康管理体系与班组安全培训 ……… 131
71. 信息在班组安全培训中心的应用 ……………… 133
72. 班组安全教育力求"大突出" …………………… 136
73. 安全宣传教育不能程式化 ……………………… 138
74. 安全教育要掌握事故调查中的哲学 …………… 139
75. 应加强对架子工班组员工的安全培训 ………… 141
76. 加快班组安全教育培训社会化进程 …………… 144
77. 安全学习是促进员工成才的途径 ……………… 147
78. 把解决安全问题贯穿于安全教育始终 ………… 148
79. 班组安全教育须注重员工创新思维能力的培养 … 149
80. 班组安全教育要构建和谐的安全环境 ………… 152

81. 安全教育莫让员工心理倦怠 …………………………………… 154
82. 情绪——班组安全教育培训工作的"晴雨表" …………… 155
83. 防止员工安全意识"疲劳"的方法 …………………………… 156
84. 安全教育须透视"三违"员工的心理误区 ………………… 158
85. 班组安全员抓安全教育之道 ………………………………… 160
86. 必须知道习惯性违章的特征与致因 ………………………… 162
87. 人为失误的纠正措施教育方法 ……………………………… 165
88. 倡导和推进人性化安全管理 ………………………………… 167
89. 员工违章心理的产生与控制 ………………………………… 169
90. 抓住"三种人",管好"三件事" ………………………… 170
91. 对新时期班组安全员素质的要求 …………………………… 171
92. 安全教育要激发员工的创新潜能 …………………………… 173
93. 班组安全教育就是要让员工的心情好起来 ………………… 174
94. 善于从员工中汲取安全工作智慧 …………………………… 176
95. 让员工的安全工作才能发挥得更充分 ……………………… 177
96. 安全教育善用发散思维 ……………………………………… 180
97. 学习力是员工安全工作能力的重要标志 …………………… 181
98. 班组安全教育培训存在的问题与对策 ……………………… 183
99. 头脑风暴法在班组安全教育中的应用 ……………………… 185
100. 如何做好班组安全教育工作三论 ………………………… 186

参考文献

第一章
班组安全教育应"寓教于乐"

本章导读

班组举办的各项安全活动,应使班组安全生产工作更加有趣、更加深入、更加为员工所接受。举办这些安全活动,其目的是让员工受到安全教育。

本章用了15个班组安全活动方法,把这些活动方法寓于教育之中,较好地解决了活动不吸引人、员工不感兴趣的问题。用让员工感兴趣的安全活动去教育他们牢记"安全第一,预防为主,综合治理"的安全生产方针,使员工在工作中处处注意安全。

安全活动能使员工受到良好的安全教育,进而提高安全意识,增长安全技能,充实安全知识,推进安全发展,这是本章的用意所在。通过开展安全活动,让班组进一步明确今后的工作该做什么、怎么做,助推班组提升安全生产意识,提高安全管理水平,有效防范生产安全事故。

1. 五项系列活动促进班组安全教育

(1) 事故案例教育评比活动

班组开展事故案例教育活动，是有的放矢地预防事故发生的好方法。某公司在进行此项工作时开展评比活动，看哪个班组案例选得准、针对性强、教育效果好。通过评比活动，进一步促使班组安全教育工作细化、深化、适用、有效。实践证明，它是班组安全教育的有效载体。

(2) 安全教育联系点活动

某公司安全监管部门针对有些班组在生产过程中危险因素多、易发生事故的实际情况，责成专人建立安全教育联系点，着重解决危险预知、危险辨识、方案制定、措施落实、危险（隐患）消除办法等，确保安全生产。实践证明，教育班组成员群策群力，最大限度地发挥班组的安全潜力，也是带动班组整体安全的关键环节。

(3) 班组长带头讲安全活动

班组安全生产的成败，从某种意义上讲，取决于班组长的安全思想、安全技能、安全文化、安全管理水平。某公司首先分期分批地组织全体班组长进行专题安全培训，培训结业后他们回到班组，带头讲安全，这样更具实践性、更具亲切感、更易被接受，效果很好。实践证明，班组长带头讲安全，促进了班组安全工作规范有序和长效发展。

(4) 班组安全教育调研活动

因人们对班组安全教育认识不一，往往出现时紧时松、时抓时停的波动状况，如何才能使安全教育步入经常化、制度化、规范化的轨道？某公司认为，开展班组安全教育调研活动是有效方法之一。该公司安全监管部门将专职人员

"分片、切块、包干",深入各个班组开展调研活动,看安全教育是否走了过场、是否有针对性、是否有可操作性,然后对症下药,提出解决方法。实践证明,开展班组安全教育调研活动,是班组安全建设的重要举措。

(5) 安全教育纳入重点活动

班组安全教育是班组整个安全工作的重要组成部分,某种程度上影响着班组安全活动质量。基于这种认识,某公司把班组安全教育工作纳入安全重点活动,规定每个班组至少每周开展一次安全教育活动,教育形式根据其情况自定,包括案例教育、规程教育、交谈体会、经验交流等。实践证明,把班组安全教育纳入班组安全重点工作,便于加强监督和管理,便于发挥约束和激励作用,为班组安全工作注入生机和活力。

2. 正确运用"寓教于乐"的安全教育形式

健康有益的安全文化娱乐活动,作为班组经常性安全教育工作的一种形式,是员工所喜闻乐见的,对于增强一个班组的安全工作影响力、鼓舞安全生产士气有着不可忽视的作用。但是,不能片面强调用文化娱乐活动完全代替安全教育工作。

比如,企业的安全技术规程、安全管理制度、安全工作标准就不是"歌舞升平"中所能解决的。对于安全技术方面的要求、规定,安全法律方面的规章、规范,不仅需要在安全生产实践中检验,而且还需要研读有关著作,还要接受严格系统的教育,全面深刻地了解其理论体系。要做到这一点,没有专门的时间投入、没有必要的培训学习是不行的。

此外,班组成员由于所处的环境不同,遇到的安全问题是千差万别的,安全思想也是各不相同的。因此,班组安全教育工作如果忽视了成员的个性差异,而一味地企图通过娱乐活动来统一安全思想、调动安全生产积极性,不仅实现不了既定目标,而且可能使"形式主义"之风盛行。以个体为核心的班组安全教育工作,需要用"一把钥匙开一把锁"的方法,靠"群体性"活动是难以全部实现的。

当然，我们不是说在班组的安全教育工作中"寓教于乐"的形式不可取，而是强调要正确运用这种形式。如有的班组针对某项重要的作业内容，先播放一些国内外同类作业所发生事故的案例录像，使大家警惕可能引发事故的因素，加深印象，进而在工作中扬长避短，保证作业安全；还有的班组针对企业新建、改建、扩建工程后，工艺流程变了、产品结构变了、安全操作技术变了的实际，班组成员之间采取互提问题、互背安全技术规范的方法，使大家在潜移默化中达到掌握安全知识、改进操作方法的目的；还有的班组节日期间组织安全灯谜竞猜、安全歌曲演唱等，借节日气氛进行安全教育，这些"寓教于乐"的安全教育方式都是可取、可行的。

3. 班组安全教育要做到"四个结合"

安全生产是班组工作的重要内容，而安全教育又是班组安全生产的重要组成部分。把班组安全教育贯穿于企业的安全发展和经济建设的全过程，实现安全生产与经济建设的最佳结合，关键在于把班组安全教育的规律自觉地运用到班组实践中去。

要抓好班组安全教育工作，笔者结合工作实践，认为要实现以下四个结合，才能够取得好的效果。

（1）在整体行为与个体行为的结合上求统一

企业精神只有体现为整体行为才能发挥强大作用，而整体行为又由个体行为所组成。班组安全教育工作必须着眼于整体与个体的统一。要采取多种途径和方法，把各部门、各单位、各岗位乃至每个人的安全思想、安全行为与本企业精神联系起来，才能提高企业安全生产整体行为的水平。

（2）在共性与个性的结合上求深化

班组安全教育的着眼点必须突出放在解决一些共性问题上，但绝不能忽视个性问题。班组安全教育工作的具体和深入，都要求在解决共性问题和个性问题的结合上下功夫。非常重要的一点，就是不能讲大道理，不分层次、不分对象地笼统传达。要注重针对性、注重可操作性，分层次、分对象，层层分解，落实到人，使安全生产思想在不同层面得到不断深化，取得明显效果。

(3) 在事与理的结合上求提高

班组安全教育工作之所以有效，就是注重以事明理，从根本上提高人的安全思想觉悟。要对具体的安全问题组织员工进行讨论，以不断统一员工的安全思想，使员工明确应该怎样、不应该怎样，既讲安全大道理，又讲安全小道理，用大道理统领小道理，使员工提高坚持正确安全行为的自觉性。

(4) 在破与立的结合上求力度

班组安全教育工作与企业生产效益的结合中，不仅呼唤时代需要的、正确的安全思想和行为，还必须旗帜鲜明地抵制和消除一切错误的、有害的思想和行为。为此，要通过班组安全教育工作中的种种有效方式，既注重树立正面典型，又注重发挥反面教材的作用，弘扬正气，打击邪风，使班组安全生产走上健康的轨道。

4. 正确认识班组安全学习中的辩证法

学习安全知识是班组提高安全素质的基本途径。在新的历史时期，员工只有不断学习，才能加强安全知识的积累，实现安全生产能力的提高。

(1) 自觉性与强制性相结合

安全学习对员工来说，首先是一种责任、是一项义务。班组员工的安全学习绝不仅仅是个人的兴趣爱好，绝不是可学不可学、想学什么就学什么的问题。因此，对员工的安全学习要求带有一定的刚性。从大的方面来讲，这是安全生产形势所迫，是为了从根本上避免企业员工出现安全知识恐慌问题。从现实的层面来讲,在工作和学习矛盾未能得到很好处理的情况下,一些班组员工往往容易重工轻学,强调所谓的工作繁忙而将安全学习搁在一边。

班组员工仅靠组织规定的时间来进行安全学习显然是不够的,还要有相当的自觉性。大诗人陶渊明曾说过:"勤学如春起之苗,不见其增,日有所长;辍学如磨刀之石,不见其损,日有所亏。"这段话提示我们,安全知识也是靠点滴的积累才能不断增长,学习一旦中断,所学知识也会被慢慢遗忘。

(2) 阶段性和持久性相结合

针对某一项安全工作或遇到的安全专业问题进行阶段性学习当然是正确的,但是,班组员工的安全学习如果仅仅着眼于解决一些眼前的安全问题是不够的。所以,在强调班组员工安全学习要有明确阶段性目标的同时,还要注意安全学习的持久性。持久性安全学习要解决什么问题呢?一是积累问题。安全学习是一个潜移默化的过程,如果阶段性安全学习是一种立竿见影的学习行为,那么持久性安全学习就是一个长期积累的过程。二是学识问题。今天的社会和企业要求班组员工成为复合型人才,只有知识面广,思路才能宽。三是修养问题。持久性安全学习是提高班组内员工文化品位的基本途径,这就是更高层次的精神追求了,是一种人生的修炼。

(3) 读有字之书与无字之书相结合

读有字之书是指班组成员对一些重要的、基本的、必修的安全知识,要做到烂熟于心。首先,要读好安全法制书。安全法制是做好安全生产的基础和保障,在学习安全法制的同时,用安全发展观武装头脑,科学地分析和判断安全问题。其次,要读好各类安全文件政策之书。作为企业员工,必须熟悉乃至精通党和国家的安全工作路线、方针、政策,上级机关的安全工作指导性和政策性文件及指示,要成为安全生产政策法规的解读者。再次,还要读好安全经济、安全管理、安全技术、安全文化之书。要善于运用现代安全经济学的基本知识提高驾驭生产安全的能力,善于运用安全科学管理知识提高应对复杂局面的能力,善于运用现代安全技术提高解决繁杂安全问题的能力。

读无字之书是指班组成员应身体力行去读天地之书、读自然之书、读实践之书。"纸上得来终觉浅,绝知此事要躬行",古代文学家陆游的读书警示,是为至理名言。班组成员要在安全生产的实践中学习阅读安全实践之书。

总而言之，阅读进入新时代，应把阅读亲身实践之书、阅读纸质媒介之书二者紧密结合起来，咬定目标排除干扰，搏风击浪坚定前行。

5. 对班组构建安全教育"自主培训"模式的思考

在一个企业，因为各个班组的工作性质不同、工作内容不同，所以安全教育的内容和针对性也不同。现阶段，各个班组都在积极探索，明确了全方位、多层次、多途径对班组员工进行安全教育培训，能大幅度提高班组全员整体安全素质，能有力地推动企业的经济、生产全面发展。但是，有的班组长认为，安全培训教育仅仅是工作的一种形式，走走过场就行了。安全学习的自觉性、积极性不足，参加安全学习培训往往是被动地接受，使这项工作走了过场；有的班组长以为自身文化素质较高，从而自动放弃了自主培训和自我教育。

(1) 班组安全教育"自主培训"的模块

一是班组长们的自主性学习。这一模块包括：由企业安全生产监督管理部门、车间、工段定期定时准备丰富的课程资源，并确定安全培训内容，由受训班组长们根据需要自主选择培训；班组长们坚持常规性地自主读书、读报、读杂志；班组长们利用网络和现代信息技术资源自学；班组长们坚持自主性做读书笔记、撰写心得体会等。

二是班组长们的自主性研究。这一模块主要包括：班组长们自主发现安全问题、调查安全问题、分析安全问题、研究安全问题、解决安全问题。班组长们在持续不断的自主性研究中掌握安全生产情况，精熟安全工作业务，养成勤奋、科学的习惯和态度，形成新的安全理念，形成新的安全思维方式，掌握解决安全问题的新方法。这个模块可以界定为按时、按质、按量地完成相应的安全工作调研报告、课题研究和理论文章等。

三是班组长们的自主性岗位实践。这一模块主要解决班组长们学以致用、研以致用的问题，倡导广大班组长敢于和善于将自己在安全生产实践中学习和研究的东西用于指导安全工作、开展安全工作、拓展安全工作内容、创新安全工作方式、提高安全工作效能等方面。

四是班组长们的自主反思。这一模块的主要目的是培养班组长们了解自我、分析自我、研究自我、完善自我的能力和素养。可规定班组长们在一年或一个时段内必须完成学习的自我反思、做人的自我反思、工作的自我反思，并形成总结报告作为对其进行考核与鉴定的依据。

(2) 实现班组长安全教育"自主培训"的保障

一是组织领导保障。要建立强有力的班组安全教育"自主培训"领导制度，建立组织保障体系。首先，要成立以企业厂长（经理）为组长、相关部门领导为成员的班组安全自主培训工作领导小组，负责全厂（公司）班组的安全"自主培训"工作规划、计划的制订和落实，并对班组长的安全自主培训情况进行检查、评估和通报；其次，安全监管部门、教育管理部门可成立相应的班组安全自主培训业务指导组，负责指导、组织班组的安全自主培训工作；再次，班组所在车间要成立班组安全自主学习小组，负责本车间班组安全自主学习、自主研究、自主培训等工作。

二是政策制度保障。建立制度，出台班组安全自主培训相关规定，规定所有班组必须全员参与安全"自主培训"，规定班组长必须自主选择由安全监管部门或有相应资质的安全培训基地所举办的"菜单式"安全培训并达到学时数；规定班组长每年必须达到读书的数量、读书笔记和心得体会的数量；规定每位班组长每年撰写安全生产调研报告、课题研究的数量和质量；规定每位班组长每年必须撰写的安全工作自主性反思的数量和质量；规定每位班组长每年必须获得相应学分，并将之计入考核结果；建立班组及班组长安全"自主培训"的监督制度，不断加强对班组及班组长安全"自主培训"的过程监督和质量效益管理。

三是激励机制保障。建立科学规范的安全"自主培训"激励机制，不断强化对班组及班组长安全"自主培训"结果的运用，实际培训学分与班组长履职考核和职级升降挂钩，对完成安全"自主培训"任务较好、安全素质提升较快的班组长要给予提拔重用，从而有效调动和激发班组长学习、研究安全生产的主动性和积极性。

6. 事故案例教育是实现班组安全生产的有效途径

事故案例教育是指把已经发生的事故作为案例来开展安全教育的一种方法。用此种教育方法，通过对事故案例的剖析研究，吸取教训，总结经验，进而改进工作方法，避免重复性事故的发生。它是搞好班组安全生产的有效途径之一。

(1) 警醒员工，铭刻在心

班组通过事故案例教育，使员工对事故有一个全面的了解，特别是发生在自己身边的事故，印象最深刻，最有说服力，甚至终生难忘，永远铭刻在心。这种教育最直观，它能强化安全生产意识，能启迪安全生产思想，能对事故影响进行反思，产生的效果是书本教育或说服教育所无法收到的，对纠正人的不安全行为起到潜移默化的作用。

(2) 分析案例，改进方法

班组通过事故案例教育，使员工对已发生事故进行深入细致的分析，从中发现哪些地方违反了安全规程、哪些环节违背了安全制度、哪些方面歪曲了安全标准，进而在头脑中加深对安全规程、制度、标准的理解，在今后的工作中避免违章作业，改进工艺工序，使其方法可行、安全可靠。这种教育能改进工作方法，提高操作技能，优化作业程序。

(3) 细化检查，消除隐患

班组通过事故案例教育，使员工对原来的安全检查项目做到"回头看"，从中发现还有哪些不到位、还有哪些漏洞、还有哪些需要强化，从而细化安全检查标准，对消除隐患、缺陷，特别是一些死角以及新的危险源点有更加明确的认识，为今后的安全操作、安全检修打下良好的基础，对消除生产作业过程中的不安全状态起到深化细化作用。

(4) 研究对策，确保安全

事故案例教育为班组管理者，特别是班组长研究今后安全生产工作提供决策依据。沉痛的事故教训，使人们变得警醒起来。班组长在指挥生产过程中，首先想到的是以往发生过什么事故、是因为何种原因发生的，现在在工作中要注意什么、要加强什么、要改进什么，从而确保生产作业过程中的安全，避免重复性事故的发生。

7. 等待：一种重要的班组安全教育方法

在班组安全建设中，等待是一种经常运用的安全教育方法。其基本含义是：在推行既定安全工作目标或新的安全举措过程中，对所遇到的诸多障碍因素不采取直接的消除措施，而是运用时空的自然跨度，促使障碍因素自我化解或消除，从而促成与班组领导意图相一致的安全行动。

等待安全教育方法运用范围十分广泛，大到一种安全工作战略，小至一次安全工作谈话，长至一个时期，短至几分钟，甚至几十秒钟都可以运用等待安全教育方法。一般来说，主要有以下几种。

(1) 认识型

由于班组成员对所推行的安全管理战略意图和重要举措缺乏正确的认识，不能准确理解，若采取强制性措施反而易引起班组成员的反感。对此所施行的等待安全教育方法，主要是运用典型事例和事实，通过舆论宣传，进行正确引导。

(2) 思维型

尽管班组安全工作有了很明确的目标，但若找不出实施目标的突破口，或者班组成员不理解班组领导的意图和思维方式，则无法马上实施；若班组领导采取包办的办法，让班组成员照葫芦画瓢地干，则会事倍功半，吃力不讨好。对此实施的等待安全教育方法，主要是矫正思维而理顺思路，启迪思维而拓展思路。

(3) 条件型

班组在受到环境条件限制而无法推行安全工作意图时，被迫等待。这种等待即战略等待。对此实施的等待安全教育方法主要是内动外静，做好一切准备，创造内部的必要条件，逐步改善外部条件，从而达到安全工作目标。

(4) 心理型

班组成员对突如其来的外部压力缺乏心理准备，一时难以接受班组领导力推行安全工作所采取的相关举措，所表现出强烈的抵触。对此实施的等待安全教育方法，目的在于排除心理障碍，增强心理承受能力，扩展其心理空间。

运用等待安全教育方法还要根据客观实际，灵活地采取适当的方法。这些方法概括起来，大致有以下几种。

一是悬球法。班组领导对推行安全工作意图过程中的问题不太了解、不熟悉，或是所遇到的矛盾非常尖锐，或是在班组安全会上一时达不成一致意见，或是赞同的人数过不了半数，或是班组成员对领导的安全工作意图暂时不能服从，诸如此类问题要采取悬球法，把问题搁置起来，放一段时间，待眉目清晰，相异之处有了统一的基础，再行处理。

二是蓄积法。不管外面发生了什么事情，不参与、不干预，还是扎扎实实把自己班组内部的安全生产搞好。

三是糊涂法。在班组安全建设中，常常会遇到一些难以驾驭的人，其固执古板、举止粗俗或恶语伤人，若班组领导针锋相对，会使自己陷入无谓的纠缠中去，因而应采取"糊涂法"，不当面计较，而是让时间和事实说话。

四是整体法。在班组安全工作战略性问题上，其主动权不完全在班组领导手中，而涉及多方面的关系，但可以利用自身的主观能动性去促进班组整体的安全发展，这就是整体法。

8. 给下属留足发展空间也是一种教育

给下属留足发展空间，起码有这样几条好处：一是有利于调动下属的安全生产积极性和创造性，群策群力，把安全工作做得有声有色，更富有活力；二是有利于赢得下属对班组长的敬重和上下关系和谐，同心协力，合作共事；三是有利于培养人才，使下属在安全生产的实践中增长才干，迅速成长起来；四是有利于班组长克服忙乱现象，把主要精力放在指导和抓落实上。总之，这样做，于人、于己、于工作都是大有益处的。

(1) 在思想认识上，要充分相信下属的安全工作积极性和创造性

有些班组长之所以对下属管得太死，从表面上看是领导方法问题，实际上却反映了他们思想认识上的片面性。他们过分相信自己，而对下属特别是对年轻的下属缺乏足够的信任。因此，事事由自己来办，不敢把工作完全交给下属来做。

开明的班组长真正相信下属的创造力，并充分信任他们。要知道，给予充分信任更能调动下属的积极性。也可以说，信任是最有效的安全激励方式。班组长越是信任下属，下属的责任感、积极性就越强，潜能会发挥得越充分。有了这种信任，就从思想感情上把班组长和下属的心联系在一起，在这种状态和氛围中，班组长只要把工作方针、原则交代清楚了，下属就会创造性地工作，有时可能比班组长想得更周到、更细致，做得更出色。

(2) 在安全工作方法上，要留有余地，不要包办一切

班组长在安排工作时，应放得开，不必事事管得太死，要给下属留出一部分天地，由他们自主考虑设计。比如说，班组长只从宏观上提出安全工作思路、方向目标、原则要求等,至于具体的工作细节、方法、途径等,则放手由下属自己来考虑。这样,下属就可以在班组长提供的空间内充分发挥主动性,想方设法地挖掘自己的潜力,创造性地把工作做好,达到并超出班组长提出的目标要求。

一是研究安全问题时,班组长一般不要定调子。只要时间允许,就要发动下属拓展思路,各抒己见,畅所欲言,多动脑子,把各种想法都摆出来,哪怕是不全面的看法,然后再进行分析比较。下属的意见只要符合基本意图,班组长就要加以肯定,给予支持。有时下属提出的意见、方案可能不合班组长的口味,班组长切记不要轻易地加以否定。只要其中有可取之处,就要采纳。当然,班组长也要把自己的观点提出来请下属思考,但不要强加于人。这样不但可以集思广益,而且下属会感到自己有较大的思维空间,思想会更加活跃,心里有话敢说,工作起来就会心情舒畅。

二是班组长对下属少用命令方式,多用商讨的方式说话。常常有这种情况,如果班组长不听下属的意见,用命令方式硬往下压工作,下属虽然也执行,但是却少了几分热情。相反,当班组长尊重下属的意见,或让下属参加工作任务的设计时,他们就会更自觉更自愿地去做,甚至加班加点也毫无怨言。实践证明,班组长给下属的空间越大,下属的责任感就越强,工作动力也就越持久。

(3) 在实践过程中,给下属必要的引导和检查

班组长给下属发展空间,并不是完全放手不管,他们对下属还负有引导和检查之责。当下属做出成绩的时候,及时给予表扬、奖励,使下属感到温暖,得到支持,受到鼓舞,进一步焕发安全生产积极性。当下属在工作中出现问题、失误时,班组长不要过多指责,只要问题的性质不严重,就不要轻易撤换人。有时还要替下属担责任,保护其积极性,帮助其总结经验教训。如此继续给予信任,下属就会加倍努力,吃一堑长一智,干得更出色。

总之,在班组安全建设中,给下属留足发展空间是一种重要的教育方法,在安全生产实践中压担子,在安全生产实践中搞教育,就会使下属努力工作,勤奋钻研,进而取得较好的工作成绩。

9. "望、闻、问、切"在安全教育中的有效运用

(1)"望"——观其形

心理学告诉我们,人们的身体动作是最直观、最形象的"语言",是不具备隐蔽性的直接信息。比如说坐姿,"坐卧不宁"往往是心不在焉、有所顾虑的表露,而"坐如钟"则表明其"沉稳、谦逊"的个性。因此,要仔细观察被安全谈话者的每一个细微动作,实施全过程的"察微",从进门、关门、谢座、端茶等身体动作的观察中把握其性格特征,对被安全谈话者是稳重还是急躁做出科学的判断,可以收到此时无声胜有声的效果,获得最直观的"第一印象",做到心中有数。

(2)"闻"——听其声

就是不加引导,注意聆听被安全谈话者的"独白",看其如何表达思想感情、真实意图。尤其是被安全谈话者的引题,比如说自我介绍,要仔细听他(们)说些什么、怎么说,是高谈阔论、振振有词、有条不紊,还是沉默寡言、杂乱无章、木讷谨慎。在这一阶段,安全谈话者一般不做过多的插话、解释、询问等,要侧重于听,侧重于记,侧重于对被安全谈话者语言信息的捕捉、感知及初步的理性加工。

(3)"问"——查其言

语言表达是一个领导者必备的素质。"问"就是要有针对性地提出安全问题，观察被安全谈话者的反应速度及表达能力。"问"主要有三种方式：一是直观式。开门见山，直接提问题。如你岗位的安全职责是什么？你干好这个工作的优势和劣势有哪些？怎样打开安全工作局面？二是引导式。通过一定形式的引导，把安全谈话的话题、内容引向深入，比如说"你岗位物品管理混乱，设备不干净，记录不及时，你该如何改进和处理"等。三是商讨式。假设出现某种情况，观察被安全谈话者的言行表现。被安全谈话者对答如流、见解独到，则表明其对工作敬业且具备语言基本功；若吞吞吐吐、词不达意，则说明其对岗位安全职责了解较少，一般不具备胜任安全工作的能力。当然这里也有一个策略和辩证法的问题，就是善于捕捉被安全谈话者的语言信息，而不能为表象迷惑。侃侃而谈可能是有备而来，工于心计；沉默寡言或许是不善言谈而成竹在胸。

(4)"切"——把其脉

这里所说的脉，指的是安全工作思想脉络，这是最后的也是最重要的一环，是科学分析和决策阶段。一般地，通过前三个步骤，就能准确把握被安全谈话者的思想脉络，对其能否胜任拟任岗位有了全面、客观的了解。在对之前所获得信息进行综合加工与整理的基础上，与班组的考核以及平时掌握的情况相印证，对各方面适合拟任岗位要求的，要及时纳入选人视野，予以任用。反之，则不能作为岗位拟任人选考虑。

10. 员工的安全工作牢骚话里可淘金

在班组安全工作中，有的班组领导爱听恭维话、顺耳言，喜欢别人给戴"高帽子"、抬"轿子"，不爱听牢骚话、逆耳言，视爱发牢骚提意见的人为

"刺儿头"。其实，在班组安全生产中，牢骚话里可淘金，是一座容纳真情挚爱的富矿，是一条体民意察民情、沟通上下级关系的渠道。

听一番员工在安全工作中的牢骚，可使班组领导猛醒。如有的班组在检修过程中，为图省事不办理检修作业票，登高不办登高证，入罐不办入罐证，动火不办动火票，美其名曰：这工作简单，处理一下就行了，免得费事，生产要紧，其他的就免了吧！员工看到此种情况，为违章指挥而发牢骚："安全谈话时说得好听，实际干起来是另一套，真是说起来重要、干起来次要、忙起来不要。"班组领导听到牢骚话，细细品味，话虽难听，却句句在理，牢骚者不光是为个人着想而抱怨领导，更是为企业好而进言。班组领导理解了员工的这番好意，就来个就汤下面，顺势做出了"今后凡是检修作业一律按规定办理各种安全票证"的决定，并在班组安全活动日上公布于众，不管是大活儿小活儿，不管是简单的活儿还是复杂的活儿，生产再紧张，工作任务再繁忙，也都要按规章制度办事。

从此事可以说明一个道理：牢骚是座富矿，员工对班组领导安全工作失误和不足的牢骚是对班组的关心和呵护。尽管有的牢骚有些过激，可这正是员工对领导真诚的直率表露。班组领导对牢骚切不可一概拒绝、全面否定，更不能给发牢骚者穿小鞋打棍子。直来直去的安全牢骚要比窝在内心深处的腹诽好得多。如果一个班组领导听不到一点安全生产的反面意见，那就可能是员工对其心灰意冷漠然处之，甚至到了不可救药的地步。因此，班组长们在安全生产工作中要善待牢骚。听到关于安全工作方面的牢骚要多扪心自问——员工们为什么要发牢骚。是不是自己的工作有不尽如人意之处？是不是办了员工"不满意""不高兴""不赞成""不愿意"之事？是不是自己有"小辫子""小尾巴""不干净""不便说"的把柄被员工抓住？设身处地站在员工的角度上深思反省，班组领导就能宽宏大度心平气和地对待牢骚，就能从牢骚中筛沙淘金，择善而从，就能真正做到"只要你说得对，我们就照你的办""闻者足戒，有则改之，无则加勉"。

总之，牢骚是带刺的玫瑰，是苦口的良药，是常鸣的警钟。只要班组领导心里装着员工，在安全生产工作中替员工着想，善待牢骚，就有真金可淘，就有真言可取，用员工安全工作牢骚去促进班组上下的安全生产积极性，对班组安全生产是大有益处的。

11. 员工安全知识自我教育方法

随着企业现代化程度的提高，对员工的安全生产素质要求越来越高，只有高素质的员工才能保证企业安全生产的顺利进行。要提高员工的安全素质，关键在于教育。因此，建议企业班组在员工日常安全生产教育中采用自我教育的方式，即让员工自己教育自己，通过自我学习、相互学习，达到相互教育的目的。

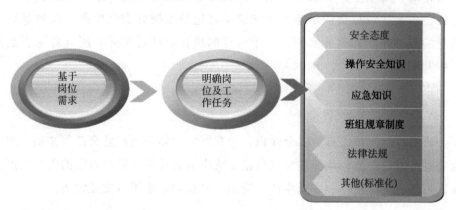

自我教育具有课堂教育无法比拟的优点：一是时间上有保证；二是学习内容实用；三是主客体一致性。

(1) 集中学习

可根据企业班组的实际情况，采用自愿结合的方式，以所在岗位、班组或宿舍为一个学习小组，定期开展安全知识学习，也可利用班前班后会进行。集中学习贵在坚持，参加人数不限，时间可自由安排。

(2) 启发引导

可根据不同时间的生产情况，定期组织安全员到班组宣传辅导，讲授某一阶段员工需要的安全生产知识。如在设备检修时，讲授检修中应该注意的安全事项，从而引起员工的注意，工作中处处注意安全。

(3) 结对包教

班组可以通过考核、选拔等方式挑出一批安全生产骨干任安全生产"辅导教师"，与新调入或安全生产素质不高的员工进行结对学习，可采用"一帮一""一帮多""多帮一"等方式，同时可对"辅导教师"给予一定的奖励，调动其积极性。

(4) 典型示范

班组可结合实际开展评比"安全生产标兵"活动，通过班组宣传栏、安全文化墙、安全生产看板等舆论工具进行表彰宣传，也可定期组织安全生产标兵报告会，以标兵的示范作用来带动其他员工搞好安全生产，或讲解别的班组的典型经验和事故案例。由于这样的报告会贴近实际，所以容易引起员工的共鸣。

(5) 讨论交流

班组可组织员工自学安全知识，并写好学习体会、经验交流等文稿，组织大家进行讨论交流，从而在相互讨论交流中取长补短，提高自己的安全生产素质。班组也可印发一些安全生产小册子，对好的做法予以交流宣传。

(6) 安全生产竞赛

班组可针对不同岗位的生产特点开展安全生产竞赛。制定详细的竞赛标准，开辟竞赛台，定期公布安全生产竞赛情况，从而鞭策后进鼓励先进。在竞赛中可采用物质和精神双奖励的方式，让先进者真正得到实惠。

(7) 寓教于乐

班组可定期组织小型安全生产晚会、演讲比赛、辩论赛等安全工作活动，让员工围绕企业的安全生产实际出节目、做文章，通过台上的生动表演，使台下观众在娱乐中受到教育，从而提高员工的安全生产意识。

(8) 自我对比

班组可组织不同岗位、不同班组的员工开展安全生产互相检查、互相参观的活动，让员工通过相互对比，学习别人的先进经验，摒弃自己和别人的一些错误做法，从而在相互比较中受益。

12. 教学游戏课件在班组安全教育培训中的应用

教学游戏课件是由电子游戏衍生出来的一种形式，在实践技术上与电子游戏基本相同。教学游戏课件目前在中小学安全教育过程中取得了较为广泛的使用，但是在安全教育培训中的应用基本属于空白状态。

考虑到安全教育培训的专业性的特点，安全生产过程中既有管理性要求也有技术性知识，教学课件既要传递充实的理论知识也要教授实际的工作技能，这样才能使安全教育培训做到深入浅出、通俗易懂。加强班组安全教育培训，提高员工的安全素质，是控制和减少生产安全事故的关键措施，而如果单纯地依靠目前的课堂培训则无法达到很好的培训效果。

(1) 正确认识教学游戏课件

班组安全教育以教学游戏课件为代表作为催化剂。但是，如果只是简单地将安全教育培训内容加入游戏，难免会产生"娱乐"和"教育"貌合神离的结果，徒劳无功。企业的安全教育培训师可以采用购买与定制的方式获得教学游戏课件，但无论是定制还是购买都需要充分考虑到游戏课件的趣味性、教育性及互动性等。

(2) 教学游戏课件的应用策略

① 充分理解游戏课件考察的知识点。教学游戏课件无论是动作类、益智类还是角色扮演类，都体现了人机互动的特点，员工进入游戏场景，在模拟现实工作场景中进行操作，通过多次模拟操作进行安全知识学习。在体验过程中

要求员工能根据自己实际的工作情况进行更深一步的体会，而员工也可以通过角色互换进行不同的安全知识学习。

②引导员工参与竞争。由于教学游戏课件具备人机交互功能，教学游戏课件可以记录员工的最佳成绩，教师可以通过横向或纵向的比较来引导员工参与竞争，启发员工以更好的方式来完成游戏中所设置的任务，以提高员工的专业知识水平或技能。

③开发员工思路。员工带着问题在游戏中扮演一个个不同的角色，自主探索，对相关的安全生产知识形成感性认识。在员工完成课件中所安排的任务后，需要对员工的完成课件情况进行统计、总结，并要求员工对安全知识进行总结和归纳。部分员工对游戏课件的理解不到位等问题，需要安全教育教师及时进行引导。另外，虽然员工作为游戏的参与者但也可能无法很好地了解游戏本身的知识点，需要教师采用其他课件进行配合使用，以保证最佳的学习效果。

总之，开发和利用教学游戏课件是一项全新的工作，它打破了传统的安全教育形式，它能给班组员工带来寓教于乐的效果，是班组安全教育发展的方向，企业每个班组都应当进行研究和开发，以期取得更佳的社会和经济效益。

13. 班组安全教育培训要在"结合"上下功夫

(1) 坚持个性教育培训与共性教育培训相结合

所谓个性教育培训，就是在安全教育培训工作中"开小灶"，分工种、按岗位进行技术技能教育培训，提高有关工种和各岗位的安全技术水平。共性教育培训就是紧紧抓住员工队伍存在的普遍现象，立足于对全体员工共同要求进行安全教育培训，如安全生产法规、安全生产基本常识、安全文化基本规律等的教育培训，做到人人受教育、个个有提高。

(2) 坚持理论性教育培训和实践性教育培训相结合

学习安全生产理论是为了运用理论知识去指导安全生产实践，掌握安全工作的规律，增强主动性。实践性教育培训主要是加强员工现场安全操作技能的培养，使员工会安全、能安全。理论性教育培训不与实践相结合，就是一种纸上谈兵的空洞说教，理论也就变得华而不实，实践就会迷失方向，成为盲目行为。只有将两者结合起来，学习才会丰富，理论才会有新发展，实践才会有行动指南和科学依据，做到不仅知其然，而且知其所以然。

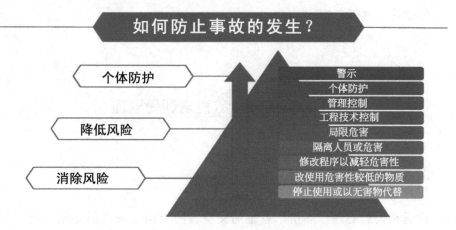

(3) 坚持突出重点与兼顾一般性教育培训相结合

安全教育培训要区分层次，分别对待。突出重点就是抓主要矛盾，着力抓好关键岗位、特殊工种的安全教育培训，保证这些岗位的员工的安全教育培训，保证这些岗位的员工安全技能适应岗位工作的需要，持证上岗。坚持突出重点还要及时纠正个别人的不良行为，引导安全意识差的员工走出认识上的误区，有针对性地对安全技能差的员工进行补课，不让一个人掉队。兼顾一般性教育培训就是要开展全员安全教育培训，做到人人有职责、事事讲安全、个个会安全，着力于全面提高员工队伍的整体安全素质。

(4) 坚持统一性教育培训和多样性教育培训相结合

班组安全教育培训强调上级管理部门的统一领导，遵循统一部署的原则。同时，各班组也要充分发挥自身的主观能动性，结合各自实际，创造性地开展内容丰富、形式多样的安全教育培训活动，以各个班组安全教育培训水平的提高来促进企业整体安全教育培训水平的提高。

(5) 坚持集中教育培训和经常性教育培训相结合

集中教育培训就是针对一个时期、一个阶段安全生产形势任务的需要，集中一段时间,确定一个主题进行教育培训,达到统一思想认识、推动安全工作的目的。如班组的季节性安全教育培训,新设备投产前的安全教育培训,新工人上岗前、员工转岗后的安全教育培训等。经常性教育培训就是按照安全工作是班组永恒的主题、必须警钟长鸣的要求,做到安全教育培训经常化、规范化、制度化,常抓不懈。

14. 网络安全教育培训受欢迎

(1) 网络上沟通的技巧

沟通是人们心理、感情、思想的交流。网上沟通采用的是隐身的平等方式,是一种绝对平等的交互式交流。做好网上沟通要注意两点:其一,沟通始于倾听。要潜心分析访客的流量、职业特点、思想特征、语言特色。通过积极倾听对方的发言,用鼓励的言语,使对方谈兴更浓,把更多的安全思想和情况倾诉出来。还可以用直接提问的方法促使对方把话说完,要引导对方抓住要点,避免言论冗长散乱、词不达意。其二,沟通终于回答。要针对安全问题阐明自己的理解和观点,给予明确具体的回答。网络沟通处于自然的状态,通过网络沟通能够获得真实信息,发现员工的安全思想问题,得到友谊和信任。

(2) 网络上暗示的学问

暗示是在无争执的条件下,用含蓄、间接的语言对对方的心理、言行产生影响,从而按照预想的方式传播一定的观点和见解,使对方的思想、言论与暗示者的意愿相符合。暗示要把握间接、含蓄、自然和适度的原则,不要直接明了地表明自己的态度、观点和意见,而是用委婉含蓄的言辞、运用弦外之音巧妙地表达自己的意思,让对方深思,并从中获得启示。通常的做法是将严肃的话题转化成轻松愉快的事例,将思想性强的安全话题转变成对日常生活的比喻,既不失去主题的原则性,又能够抓住对方的心理。网络上还常用人格的暗示,这种人格是在网络上通过谈吐、评论、辩论等所显示出的毅力、信心、修养、风度,主要包括思想品德、知识能力、心胸情趣、亲和力和幽默感,具备这些因素容易感染对方。

(3) 网络上疏导的艺术

网络上疏导就是广开言路，集思广益，让大家畅所欲言，把不同的观点、意见和心里话都讲出来，汲取有益的内容，达到活跃网络气氛、调动网民积极性的目的，同时把不正确的安全思想、言论引向正确的方向和轨道。网上的疏导关键要因势利导，这是矛盾对立统一规律在网络安全思想工作实践中的应用。网络上的"势"，既指网络上主流是什么、支流是什么、特点是什么、问题是什么，也指网民的情绪、呼声与愿望。"导"则是安全思想工作者把握疏导的方向、力度和时机，关键是抓住"势"与"导"的结合点。这就体现出网络上"势"的规律性和安全思想工作"导"的方向性，符合网络安全思想工作的客观规律。

(4) 网络上幽默的妙用

幽默是聪明智慧的象征，是人生经历和文化的积淀，是乐观的生活态度，是消除尴尬的良方。网络上语言幽默的人最受欢迎，会像磁石一样吸引广大网友。幽默是建立在丰富的知识基础之上的，只有具备丰富的知识，才能审时度势，妙语连珠。安全思想工作者培养幽默感平时要广泛涉猎，充实自我，不断从浩如烟海的书籍中撷英集萃，从名人趣事的精华中提取幽默的宝石。网络上经常发生言辞激烈的争论，甚至唇枪舌剑。幽默可以放松人们的紧张神经，化解尴尬的局面，化干戈为玉帛。幽默也是宽容精神的体现，安全思想工作者在网上要学会宽宏大量，不要斤斤计较，更不要抓住对方的失言攻其一点不及其余，得饶人处且饶人。

总之，利用网络做员工的安全思想工作给安全管理者提出了严峻的挑战和新的要求，这就需要安全思想工作者转变观念，更新知识，充分利用网络资源，发挥网络优势，有针对性地开展网络安全思想工作。

15. 提高班组安全教育效果"六法"

班组安全教育搞了多年，而班组发生的各类事故占到企业发生事故总数的80%以上，究其原因，一个很重要的方面是班组安全教育效果不佳。如何使班组安全教育真正做到入脑、入耳、入心？笔者根据从事班组安全教育多年的体会，下列"六法"可借鉴。

（1）调频法

这里所说的"调频"，就是指根据教育对象的实际，提出不同的要求。安全教育的"音频"的高低，是直接关系到其能否入耳的首要问题。"音频"过高，调子调得很高，发出的声音就容易失真，被教育者听了就会感到刺耳，不乐意接受，甚至会产生逆反心理；"音频"过低，格调低下，只能暂时满足部分人的低层次心理需要，即使入了他们的耳，也不能入脑、入心，同样不能达到安全教育的目的。因此，在班组安全教育过程中，必须根据班组的实际情况，调节安全教育的"调子"，既不能提出超越现实过高的要求，唱到高八度，又不能违背基本准则，入情而悖理，应以适中的"音频"求得共鸣。

（2）调幅法

振幅是指物体振动范围的幅度。这里所说的"调幅"，就是要调节科学安全发展观教育的范围、模式和层次。一是要适应班组员工的要求，扩大安全教育范围。二是要适应时代特点，改变安全教育模式。三是要分清层次，分类施教。在班组安全教育中，要区分班组干部和一般工程技术人员、骨干员工和普通员工等不同层次，根据不同的安全教育对象，相应调出"短波""中波""长波"等不同的波段，切忌"一本经"念到底。

（3）调阻法

物理学中欧姆定律告诉我们，可调电阻的作用就在于它能控制电流的大小，如果把电阻调到最低值，就能保证所通过的电流达到最大值。欧姆定律对科学安全发展观教育也同样适用。教育者的阻力干扰越小，班组安全教育的效果越好。因此，要搞好班组安全教育，"调阻"工作也是不可缺少的一个重要方面。

（4）分支法

要使科学安全发展观的大道理有实体感，一般来说，还要采取分支法。一是把安全发展的大道理分支化实,以点带面,触类旁通,引申扩张,收到一滴水反映太阳光辉的功效。二是赋予安全生产大道理以时代内容。党和政府的安全发展基本理念蕴含着丰富的时代内容,具有鲜明的时代感,绝不能将班组安全教育搞成几十年一贯制。当然,无论是分支还是赋新,都必须建立在对安全工作大道理的深刻、全面、正确理解的基础上,都必须符合安全工作大道理的基本精神,那种为了赶时髦而曲解党和政府安全发展根本理论的不良倾向必须予以防止。

(5) 求实法

要把科学安全发展观所蕴含的道理讲到班组员工的心坎上,要把扣子真正解开,要注意做到:第一,明确立足点,不搪塞敷衍。第二,注重调查研究,不闭门造车。第三,要勇于涉险,不回避难题。现在班组有一种倾向,就是只讲上了本本、定了调调的问题,对新的、敏感的,也就是安全工作中的焦点、热点、难点问题则瞻前顾后,畏首畏尾,尽量绕着走。事实上,在班组安全教育中,大家最希望解决的正是这些问题。安全教育工作者应该丢掉顾虑、鼓足勇气,去探索、去研究,不能只吃现成饭。第四,要摆正位置,不以教育者自居。安全教育工作者只要实事求是、动之以情、晓之以理,就有说服力,就能解开班组成员思想上的扣子。

(6) 联想法

班组安全教育"联想"的方法是多种多样的,归纳起来主要有以下几种:一是追根溯源法;二是顺藤摸瓜法;三是类比联想法;四是假想联想法,班组安全教育从正反两方面假设种种情况,启发大家的思路;五是随机联想法,就是根据班组安全教育的气氛和环境的变化,随时增加安全的话题。

需要指出的是,班组安全教育方法无定式,实践之树常青,广大安全教育工作者应在实践中注重科学的安全教育方法的研究和应用,不断增强班组安全教育的时代性、针对性,切实提高实效性。

第二章
班组安全教育方法

本章导读

本章主要介绍了31个班组安全教育方法。班组安全教育的方法丰富多彩，五花八门，没有固定的形式，也没有一定的标准。每一个班组有各自的实际情况，各班组在进行安全教育时，应根据自身的特点，按照上级的要求，组织员工进行各具特色的安全教育。

班组安全教育要明确教育培训内容。安全教育主要内容包括：安全生产法律法规；安全生产基本常识；岗位安全生产操作规程；企业事故案例分析；工作环境及危险因素分析；个人防险、避灾、自救方法；安全设施和个人劳动防护用品的使用和维护；职业危害预防等。

班组安全教育要确保培训时间。安全生产培训时间每年不得少于24学时，每年接受再培训的时间不得少于8学时。班组安全教育要提高培训质量。采取模拟实战与面授相结合的方式，编制通俗易懂、易于理解的文字和音像资料，利用多媒体视频、电视、漫画等图文并茂的直观方法进行教育培训，完成教学任务。

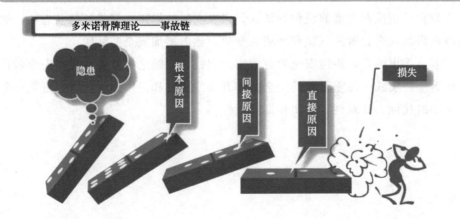

多米诺骨牌理论——事故链

16. 班组安全思想教育不容忽视

班组是企业的细胞，企业在安全工作中加强班组安全思想教育，是培育"四有"队伍的迫切需要，也是摆在每一位班组长面前的一项战略任务。但在市场经济、多元经济的背景下，班组忽视安全思想教育工作的问题比较突出，主要表现为以下几个方面。

（1）部分班组长在认识上存在偏差

安全思想教育工作是一门理论性和实践性都很强的系统工程，但在实际操作中，部分班组长对加强安全思想教育工作出现了认识上的偏差：一是认为"无用"。认为发展中国特色的市场经济，调动员工的安全生产积极性主要靠经济手段或行政手段，安全思想教育作用不大，甚至是出力不讨好。二是认为"无为"。认为企业生产正常，物质文明上去了，精神文明自然就会跟上，"安全思想教育磨破嘴皮，不如多多发票子"，忽视思想工作的作用。三是认为"无关"。部分班组长在处理问题时，习惯于用行政手段、经济手段，不习惯做思想工作，认为安全思想教育是上级部门的事，在班组内是安全员的事，与自己无关。

（2）少数班组长理想信念弱化

少数班组长对进行安全思想教育热情低落，不愿参加学习，不愿做安全思想教育工作，认为"在市场经济条件下，金钱是主要的，讲思想、讲教育是空对空"。个别班组长对人生的理想信念淡化，把实现个人价值利益视为高于一切，"不管走什么路，不管谁领导，只要个人有好处就行"；认为安全工作只要不出事故或不出大事故就过得去，只要不在本班组出事故就是好样的，把安全思想教育工作完全丢在脑后。

（3）一些班组长安全工作方法单一

一是形式单一。只注重读报纸、出板报，"一人生病，全班吃药"，不注重灵活多样，安全思想教育缺乏层次性、趣味性。二是手段单一。只注重行政手段、经济处罚，不注重疏通引导，不因人制宜做耐心细致的思想工作，使安全思想教育缺乏针对性、权威性。三是方法单一。只讲大道理，不讲小道理，使安全思想教育工作缺乏有效性、实用性。

总之，班组安全生产工作主要是人的工作，人的安全思想决定着班组安全生产工作的水平，加强班组安全思想教育工作是企业安全生产的基础工作，只有从思想上认识安全工作的重要性，才能在工作中坚持"安全第一、预防为主、综合治理"的原则，才能使安全生产工作扎实有效。因此，班组安全思想教育工作绝不能忽视。

17. 把安全理论送进班组

安全理论是在安全生产的实践中得来的。它是将无数次安全生产工作中失误的教训和无数次成功的经验，运用辩证唯物主义的认识论和方法论加以概括、积淀、提取，用以指导安全生产工作的原理、手段和方法。安全理论一旦被从业人员掌握，就会变成巨大的安全生产力。

把安全理论送进班组，旨在让班组成员尽快掌握安全工作的原理、手段和方法，去指导实际安全工作，去规范具体安全工作行为，预防各类事故的发生。如安全系统工程理论、安全需要层次理论、事故致因理论、安全法制建设理论、安全文化理论等，均是班组成员应该掌握的基本安全理论。

没有安全理论，就没有安全工作行动。多年的安全生产实践证明，班组处在企业生产的第一线，平时都是些琐碎的重复性的事情，班组长和各级管理干部强调工作中注意安全、不能发生事故，并严格事故考核，对发生事故的人进行重罚重处，究其原因，主要是班组长和班组成员凭着一股子朴素的感情抓安全工作。没有将安全理论融入工作中，良好的愿望得不到美好的回报，这就是缺乏安全理论指导的结果。

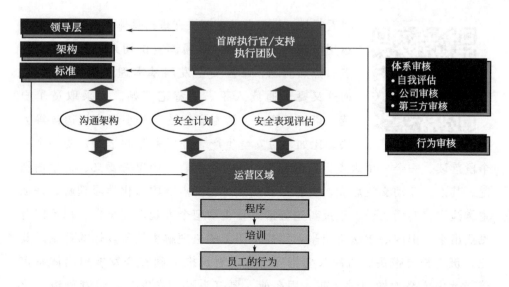

安全理论并不是主观臆造和凭空想象的,它是用生产实践中无数次血的教训和巨大的财产损失换来的。从某种意义上说,安全理论的获得比其他科学理论更为艰难。因此,班组成员更应珍惜安全理论的来之不易,必须努力学习,努力实践,努力创新。

安全理论送进班组,将为班组安全生产工作注入新的活力,班组成员一旦掌握并运用安全理论,就会迸发出极大的安全生产积极性,就会把安全工作搞得得心应手,就会顺利地解决生产中遇到的安全问题,进而将班组安全生产工作搞得扎扎实实,这是朴素的感情、良好的愿望无法比拟的。因此,把安全理论送进班组,用安全理论指导安全实践,用安全实践创新安全理论,是班组安全建设与安全发展的又一重要途径。

18. 班组学好用好安全理论的途径

(1) 联系热点焦点,拉远为近地学

要把安全发展这一相对宏观的理论联系到解答热点、焦点问题上,使之变

成看得见、摸得着的东西。在班组具体安全工作中，要运用好三种方法：其一，通读宣讲切入。要解答好热点、焦点问题，掌握安全发展基本理论知识是前提。而这又要从通读入手，从背记开始。要采取员工自读、班组长领读、请专家解读、分小组边议边读等方法。比如，对安全生产"五要素"的学习，要一个一个段落读、一个一个观点记，做到读中学习观点、学中思考要义、记中悟精髓。其二，互动交流启发。要在"议热点、释疑点"中深化学习理解，采取主题演讲、实话实说、正反辩论等形式，主动把个人观点亮出来、把不同意见摆出来、把内心想法讲出来，用简单明了的道理解析抽象具体的理论。其三，班组长要带头。班组长要把安全生产意识推进到安全发展理论体系宣传普及中，努力做到学在前、用在前。要打头阵、先发言，带着班组文化程度低、理论基础弱的员工一起学，切实当好谈论交流的引导员、解疑释惑的辅导员。

(2) 把握整体脉络，破大为小地学

学习安全发展理论，口子要尽量开得小，不能指望"一口吃个胖子"。可以采取"三双一"的办法：其一，"学一个专题研究一个问题"。其二，"学一个观点解一个扣子"。其三，"搞一次活动深化一次认识"。通过在班组组织安全活动，如结合重大节日，搞好"安全在我心中演讲"活动，搞好"安全知识竞赛"活动，让安全发展理论闪耀出艺术的光芒，让员工在艺术中领略真理的魅力，让员工用自己独特的形式和方法学习理解安全发展理论。

(3) 紧贴身边实际，变虚为实地学

创新安全发展理论进入员工思想、进入安全工作的过程，就是把安全发展理论变虚为实的过程。要善于联系身边具体的人和事来学，让安全发展理论从"天上"走到"地面"。学习中，应把握好"三个多"：其一，多想想身边的事。其二，多看看身边的人。其三，多说说心里话。发动员工群众联系个人生活、本职岗位、具体工作说、学、用安全理论的经验体会，把个人的认识变成大家的共识，把个人的经验变成大家的财富；用自己的话来"翻译"安全理论观点，把安全理论用通俗易懂、深入浅出的鲜活语言表达出来，就像在唠家常中把道理析透。

19. 提高用人艺术，发挥人才效益

班组安全，首先要得人心。得人心、得人才者得天下，这是历代开明的统治者都已达成共识的问题。班组安全建设，归根到底是人才的培养和建设，这也是人们早已熟知的道理。但在班组安全建设中怎样用人得法，做到人尽其才、才尽其用，却是一个始终未能解决好的课题。对此，笔者谈点粗浅体会。

（1）崇尚人才，不弃细流

作为现代企业的班组领导者，在安全建设中应该懂得尚贤、爱才、用能的重要性和必要性。随着现代生产技术复合化、复杂化、信息化进程的加快，现代企业对高水平多方面人才的需求显得特别迫切。在这种情况下，班组领导者从企业大局出发，真正尊重人才，善于发现人才，大胆起用人才，就显得异常重要。

（2）敢择高山，不讳深谷

任何时代，都会产生伟大的人物。任何班组，都有自己的能人存在。人才难得，乃古今共识，原因何在？现实生活中，除去人才本身的难知性因素外，大多数情况是由于"人才"本身性格、交际、人缘、人品、理念、情感等与领导者在某一方面存在矛盾和冲突，其精神特征表现出某些缺陷，为人所不容，从而"内耗"了才能。

一要"兼听众议"，分清是非，辨别正邪，广开言路，听取和采纳员工意见，不专断自负。二要不拘小节。人非圣贤，孰能无过。三要识忠奸，亲贤士，远小人。四要提高为政本领，防止识人不明。

(3) 取材适位，用其所长

第一，舍短取长，知人善任。用人如器，各取所长。不知人之短，不知人之长，不知人长中之短、短中之长，则无法用好人。班组领导在安全工作中选才用人一定要知人善任，尽量达到实际能力与承担责任相一致、工作岗位与专业才干相一致、人才分布与人才需求相一致。

第二，博采众长，兼收并蓄。班组安全工作不同时期对人才有不同的要求；同一时期对不同层次、不同专业、不同特点的人才的要求也不同。班组领导要想充分发挥每一个人的聪明才智，就必须具有博采众长、兼收并蓄的本领。

总而言之，在班组安全教育工作中，人才问题、用人问题是一个十分复杂而又具体的问题。在企业安全发展用人之际，用人观念、用人标准、用人策略和方法都是值得企业班组领导者认真思考和探索的。广聚人才是成就事业的基础；不忌人短是聚集人才的保证；而事业发达是知人善任、才尽其用的结果。

20. 靠什么赢得员工心

(1) 靠强烈的奉献意识赢得员工心

对于班组领导来说，企业车间将一个班组交给你，这是对你的最大信任，也是对你的严峻考验。你的具体事业，就是竭尽全力，把班组的各项工作做好，将你的全部精力、智慧、心血投入到事业中去。以事业为执着的追求，以勤奋进取获得各项工作的成果，推动事业的前进，这就是一个企业班组领导应具有的事业心和责任感。有了这种以奉献意识为核心的事业心和责任感，才能赢得员工心。

(2) 靠扎实的工作作风赢得员工心

班组领导要发扬理论联系实际、实事求是的作风，一切从实际出发，了解安全工作实际情况，研究安全生产中的实际问题，以事实为依据，做出正确的决定，采取有效的措施和方法，推动班组安全建设的开展。求实，就是要求班组领导察实情、说实话、办实事，按客观规律办事，结合班组实际，解决生产和安全中的实际问题，做到思想求实、工作踏实、作风扎实。这是班组领导赢得员工心的重要条件。

(3) 靠科学的决策赢得员工心

班组工作头绪纷繁复杂，往往是"上面千条线，下面一根针"。班组领导如不善于穿"针"引"线"，科学决策，全方位规划，娴熟地组织和指挥，必然事倍功半，给企业和车间带来损失。因此，班组领导在安全工作中务必头脑清醒，主次分明，使宏观调控到位，微观忙而不乱。只有这样，才能实现自身价值，做出成绩，赢得员工心。

(4) 靠为员工办实事赢得员工心

在班组安全工作中，班组领导要面向员工，服务员工，关心员工生活，了解员工疾苦，和员工同呼吸、共命运，为员工无私奉献。班组领导要利用一切机会勤勤恳恳、任劳任怨、踏踏实实为员工办实事、办好事，不搞花架子、形式主义的东西。对员工在工作、生产、学习、生活等方面的困难，能解决的应该及时解决，一时办不到的要积极创造条件，逐步解决。要坚决反对对员工的各种困难不闻不问、漠不关心的官僚主义作风。只要班组领导能够时刻关心员工疾苦，与员工同甘共苦，帮助员工解决实际困难，一定会得到员工的拥护和爱戴。

(5) 靠干出显著成绩赢得员工心

班组领导在安全工作中要取得显著成绩，主要方法有二：一是讲求效率；二是掌握创造性的工作方法。讲求效率，要求班组领导克服官僚主义作风，发扬只争朝夕的精神，对安全工作不推不拖，要迅速、果断、雷厉风行、不失时机，该是今天办的事就一定要今天办，绝不推到明天，而且要认真严肃，高度负责。

21. 班组安全队伍建设关键在"养"

(1) 重教育养"神"

神,即精神。班组员工队伍中存在的诸如安全工作积极性不高、作风不实等问题,其实质就是精神状态问题、思想意识问题,最根本的是世界观、人生观、价值观发生了偏差。要解决这一问题,就要把世界观、人生观、价值观教育摆在首位。只有这个根本问题解决了,其他的问题才能迎刃而解。从班组安全工作的实践看,榜样教育是帮助员工树立正确的世界观、人生观、价值观的有效手段。对企业涌现出的安全生产先进人物和先进事迹及时组织班组员工在班组安全活动日学习和讨论,使一批优秀员工的典型事迹深入人心,其高尚的精神品质会深深地感染和教育班组员工,对帮助班组员工树立正确的世界观、人生观、价值观会产生较大影响。同时,企业应注意发现先进事迹、先进典型,发现普通员工身上的闪光点,及时给予表扬鼓励,使班组员工有看得见摸得着的学习榜样。重教育还要讲究方式方法,要注意研究把握每个班组员工的思想状况及个性特点,在教育方式方法上因地因人而异,区别对待。如有的员工自尊心很强,应采取和风细雨式的批评教育方式,"润物细无声";而有的员工性格粗犷、脾气直爽,有错误缺点直截了当地批评,严厉一些效果更好。

(2) 重学习养"力"

力,即能力。面对资源、环境、安全发展的新形势,不少班组员工安全生产工作本领不强、能力不济的问题日益突出。这方面是受员工自身文化程度、工作阅历等基础条件的限制,更重要的是学习不够。为此,把学习作为促进员工思想解放、观念更新、提高知识水平和能力的主要途径,班组长带头,虚实结合,形式多样,可取得较好的效果。一是班组安全活动日学习党和国家的安全生产方针政策、法律法规。二是组织学习考察,学习其他班组的做法,通过实地考察学习促进本班组员工解放思想、拓展思路。三是参加企业组织的各种安全知识、安全技术培训班，形成较浓厚的学习氛围，员工安全知识结构得到调整充实，促进安全生产水平的提高。

(3) 重激励养"劲"

劲，即工作干劲。针对班组安全工作的特点，逐步建立起一套物质和精神二者结合的安全生产激励机制，激发班组员工力争上游、积极进取的干劲。首先，在全班组成员中针对本班组的各个操作岗位建立"公开选拔，竞争上岗，优胜劣汰"的机制，激发广大员工的进取心。其次，在经济上强化奖优罚劣、奖勤罚懒的做法，改变干与不干一个样、干多干少一个样、干好干坏一个样的状况。

(4) 重关怀养"心"

心，即信心。若班组工作条件差，加上企业和车间关心理解支持不够，不少班组长会不安心本员工作，不少员工也会千方百计寻找机会跳槽，严重影响班组队伍的稳定和安全工作积极性。为此，企业必须重视对班组干部的关心，稳定班组长的人心。一是在工作上大胆放手，大力支持。班组长任务繁重，许多安全工作都很容易得罪人，企业要正确对待他们的成绩和缺点，一分为二，不求全责备。既要对他们从严要求，教育他们严于律己，帮助他们提高领导水平，也要体谅班组长的难处，敢于为他们撑腰壮胆，为他们说话，有时还要为他们的工作失误分担一点责任。二是在生活上要给予关心和照顾，切实帮助他们解决实际困难，以解除他们的后顾之忧，从而树立干好工作的信心。

22. 班组安全教育应因时、因人而异

(1) 因时施教

特指抓住员工安全意识淡薄的时机和事故多发季节，及时对员工进行有针对性的安全教育，打好预防针，从而杜绝事故。比如：

① 节假日后返岗之时。这种时候有些员工是"人"虽在岗，心还"过节"，仍然沉浸在节假日的气氛中，此时员工的安全意识比平时正常生产工作状态时要淡薄得多，是安全生产的"危险期"。对此，班组要利用一定的形式，在节假日后及时对员工进行安全教育，防止事故的发生，使他们克服"节日病"，收回心来搞好安全生产。

② 员工探亲出差返岗之时。员工探亲、出差的时间比较长，难免对安全生产的规章制度生疏，安全生产的弦放松，匆匆上岗，特别是在一些危险性较大的岗位极易酿成事故。再加之旅途劳顿，比较疲乏，精神难以集中，非常不利于安全生产。因此，班组此时进行安全教育是十分必要的，也是非常及时的。

③ 春季、夏季时节变化时。春天由于气温回升，员工也会不同程度地出现"春困"现象，疲乏困倦，四肢无力，注意力不能高度集中；而夏天，因为天气炎热，员工心情烦躁不安，加之某些员工图凉爽而忽视劳动防护用品的穿戴，应加强对员工的安全教育。因此，一般来说，春夏两季是事故的多发季节，班组应根据时节变化对人的影响，通过各种行之有效的方法强化安全教育，防患于未然。

(2) 因人施教

特指根据员工的年龄、性格和思想状态等特殊性以及工作岗位的特殊性，进行针对性强、操作性强的安全教育。

① 35岁以下的青工是班组安全教育的重点。首先，有些企业青工的比例高达60%以上，在班组一线生产岗位的比例更高，他们直接与机械设备、电气设备等打交道；其次，青年人由于受生理、心理特点的影响，常有易冲动、情绪波动大的特点。就班组安全生产而言是不利因素，必须强化安全教育。

② 带病上岗人员。一般来说，企业特别是班组不提倡员工带病坚持工作。但因某些特殊情况，仍有个别病情轻微的员工带病上岗操作，由于生病员工精神状况、健康状况不佳，很容易发生事故，因此，他们是班组安全教育的重点对象。

③ 有思想情绪的员工。对有思想情绪或遇到某些突发事件的员工，应该把安全思想工作和安全教育工作结合起来，解决好员工的思想问题，使员工能平心静气地走上工作岗位，心情舒畅地投入岗位操作，这样，就能大大减小事

故发生率。

④ 上夜班和连续代班的员工。对这部分员工，班组除加强安全教育外，最好能安排班组安全员值班，及时发现和扑灭事故苗头，及时纠正违章违纪行为，杜绝连续加班，安排好员工的休息，注意劳逸结合。

⑤ 特殊工种岗位的员工。对特殊工种岗位的员工，班组一定要按照国家规定，报到企业，由企业组织到政府主管部门进行特殊工种安全培训，经考试合格，取得合格证后，持证上岗。

⑥ 新进厂的员工。对新进厂的员工，一定要进行三级安全教育，经考试合格后，才能走上工作岗位。在班组中，特别是第三级安全教育（班组安全教育）绝不能走过场、走形式，在工作中还要对他们加强指导和监护，使他们养成时刻注意安全生产、自觉遵守岗位纪律、严格按安全规程操作的良好习惯。

总之，班组安全教育应因时、因人而异，这样才能使安全教育具有针对性，能收到实效，能见到成效，班组的安全教育也就不会走过场了。

23. 把员工牢骚当镜子是对领导者的教育

"兼听则明，偏信则暗"，这是每个班组长都熟悉的道理。但是，从班组长们的惯常心理看，都希望听到肯定性的评价，即使是不同的意见，也希望意见是建设性的，而且提意见者态度要好，方式、方法和场合都要得当。这种心理是可以理解的，但却很不切实际，若一味地抱着这种心态去听取不同意见，实质上是堵塞言路。从班组安全生产工作的实际情况来看，大量的不同安全工作意见是以对班组长发牢骚的形式出现的。

（1）开阔心胸，关注抵触情绪

既然是牢骚，就不可能用雅言的标准要求它。包容是班组长们的必备素质，是容人、容事的基础。有些班组长认为自己尽心尽力地工作，也取得了一定的成绩，可是发牢骚者对成绩视而不见、专挑毛病、说三道四，于是感到很委屈，就对牢骚有一种本能的反感，很难听进去。更有甚者，将发牢骚视为有意与自己过不去，因而就以敌视的态度待之，甚至以粗暴方式打压发牢骚者，或者表面上不动声色，背地里却耍手腕，给其小鞋穿。这种态度是很恶劣的，对班组长本人也很有害。常言说，人无大量必无大成。班组长如果喜欢听好言好语，而听不进冷言冷语、风言风语乃至恶言恶语，说到底是气量狭小、不够稳健和缺少自信的表现，注定难以成就大事。让下属和员工发发牢骚，便于让自己看到不足、改正不足，只会让自己的素质得到提高，形象得以增色。一个负责任和自律的班组长，如果敞开胸怀听一听牢骚话，必会受益匪浅。再说，发牢骚也是下属和员工的民主权利，是表达不同意见的一种形式。班组长要开阔心胸，克服逆反心理，将牢骚视为诊疗疾病的良方。

（2）找准问题症结，顺势消除隔阂

牢骚所包含的内容丰富多彩，层次也有高低之别。有些人发牢骚是因为有先见之明，发现了班组安全生产工作中潜在的危机，通过正当途径反映没有引起班组领导应有的重视，出于安全责任感而直抒胸臆；有些人发牢骚是因为某些班组长安全工作方式方法不当、安全工作作风不良甚至存在严重问题，反映出发牢骚者仗义执言的可贵品质；有些人发牢骚是因为自己属于班组里的弱势群体，合法权益受到侵害而得不到应有的补偿，唯有通过发牢骚来宣泄不满。当然，也不排除有少数人人格不健康，心态不正，惯于鸡蛋里挑骨头。不管怎么说，大多数牢骚都是听似恶言，里面却不乏善意、诚意甚至创意。如果班组长真心去听，将更容易认清事情的本质，找到解决棘手问题的办法。发牢骚者能把心底的话说出来，也在某种程度上排解了心中的怨气，此时趁热打铁做工作，便于交流思想，化解积怨，收到良好的效果。

（3）顺乎民情民意，健全沟通渠道

一般而言，员工是讲道理的，是公道的，无事生非和恶意攻击者毕竟是少数。他们的牢骚大多不是无端发出的，而是因不平而鸣，其中虽有激愤之情，但多数都包含着希望班组长提高素质、改进工作的善意。从某种意义上说，牢骚集中反映了员工的切身利益和感受强烈的问题，是民意的重要内容。班组长对牢骚充耳不闻，是违背领导职责的，必将造成与下属和员工的对立情绪。有些牢骚反映的问题比较轻，班组长只需稍加调整思路，加强沟通和注意一下方式方法，牢骚就会烟消云散；但有些牢骚反映的问题比较复杂，处理起来非常棘手，需要班组长有足够的耐心、强烈的公心和独具的匠心，不失时机和因势利导地加以化解。根据牢骚产生的原因，要特别注意两个问题：一是要甄别分类，宜顺则顺，宜逆则逆。二是增强工作透明度，完善下属参与安全决策、安全管理、安全监督、安全评价的程序。牢骚盛行是组织沟通机制不畅和氛围不良的表现，主要的一点是对下属和员工的民主权利尊重不够，对民意集中和采纳不够。

因此，班组长要通过细化程序、拓宽民主渠道等形式，切实保障员工的民主权利。只要员工有地方说话、有机会献计献策，许多牢骚就会无从发起，牢骚太盛者自然也会因缺少共鸣者而有所收敛。

24. 班组安全教育：安全哲学指方向

（1）宿命论是被动型的安全哲学

工业革命前，人类的安全哲学具有宿命论和被动型的特征；工业革命爆发至 20 世纪初，技术的发展使人们的安全认识论提高到经验论的水平，在对事故的策略上有了"事后弥补"的特征，在方法论上有了很大的进步和飞跃的发展，即从无意识发展到有意识、从被动接受发展到主动应对。在安全生产问题上，宿命论对事故与灾害表现为听天由命、无能为力、听之任之，认为人的命运是老天的安排、神灵是人类的主宰。

（2）经验论是事后型的安全哲学

随着生产方式的变革，人类从农牧社会进入了早期的工业化社会，即蒸汽机时代。由于各类事故与各类灾害的复杂多样和事故严重性的扩大，人类进入了局部安全的认识阶段，有了与事故抗争的意识，不想对事故听之任之，学会了"亡羊补牢"的手段方法,表现出头痛医头、脚痛医脚的对策方法。如:在调查处理事故时的"四不放过"原则、在事故统计学中事故致因理论的研究、对事故后整改对策的完善、在事故管理中赔偿等都表现为事后型的安全哲学。

(3) 系统论是综合型的安全哲学

人类在发展,社会在进步,事故和灾害的教训使人们变得聪明起来,逐步建立了事故系统的综合知识,认识到了人、机、环、管即事故的综合要素,主张工程技术硬件与教育即管理软件的综合措施是预防事故的有效措施。其主要措施以保障安全生产、促进经济发展、降低事故和事故对员工自身生命和健康的影响为目的。为此,安全活动首先应以企业安全为基础,与科学技术背景和经济条件相适应、相协调。安全活动的进行需要经济和科学技术等资源的支持,安全活动既是一种消费活动(以生命与健康安全为目的),也是一种投资活动(以保障经济生产和社会发展为目的)。

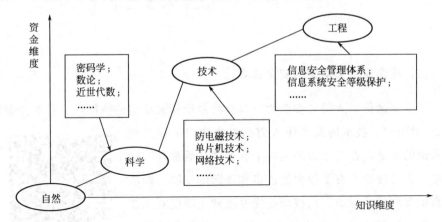

(4) 本质论是预防型的安全哲学

当今社会,人类进入了信息化时代,随着高新技术的不断应用,人类在对安全的认识上有了本质安全化的认识,在安全方法论上讲求超前、预防、主动。具体表现为:从人员与机器和环境的本质安全化入手,来确保生产的安全。即人的本质安全化不但要解决人的安全知识、安全技能、安全意识、安全素质,还要从人的观念、伦理、情感、态度、认知、品德等人文素质入手,从而提出安全文化建设的思路和方法。本质型和预防型的安全哲学主要有:一是从人的本质安全化入手。二是物和环境的本质安全化。要采用先进的安全科技、设备、设施和发挥系统的自组织、自适应功能，实现本质安全化。三是研究和应用"三论"。以人、物、能量、信息为要素的安全系统论、安全控制论和安全信息论为基础，推行现代工业安全管理。四是坚持"三同时""三同步"原则。新建、改建、扩建的技术项目中要遵循安全措施与技术设施同时设计、施工、投产的"三同时"原则；企业在经济发展、机制改革、技术改造时，安全生产方面要遵循同时规划、同时实施、同时投产的"三同步"原则。五是开展"四不伤害""6S"活动。规范人的行为，开展不伤害他人、不伤害自己、不被别人伤害、保护别人不被伤害的"四不伤害"活动，安全、整理、整顿、清扫、清洁、态度"6S"活动，以人为本，珍惜生命，保护生命。六是科学、超前、预防事故。积极推行生产现场的工具、设备、材料、工件等物流与现场工人流动的定置管理；对生产现场的"危险点、危害点、事故多发点"的"三点控制工程"，对隐患的评估，应急预案的制定和实施保证等开展超前预防型安全活动。七是应用现代安全管理方法。推行安全目标管理、无隐患管理、安全经济分析、危险预知活动、事故判定技术等安全系统工程方法。

总之，在开展班组安全教育活动中，进行安全哲学的教育很重要，它能使班组成员深刻了解人类安全哲学的形成与发展轨迹：从宿命论被动型的安全哲学到经验论事后型的安全哲学，再到系统论综合型的安全哲学，发展到今天的本质论预防型的安全哲学。这是一个从低级到高级、从被动到主动、从无能为力到由我掌控的发展的过程，完全符合人类发展规律，体现了人类安全思想的进步。班组员工了解和掌握了这些安全哲学，会在今后的安全工作中有思路、有方法、有方向。

25. 安全教育应掌握思维科学的安全哲学

在班组安全教育中，给员工建立科学的思维是解决安全问题的有效途径。思维科学是研究思维活动规律和形式的科学。思维一直是哲学、心理学、神经生理学及其他一些学科的重要研究内容。

科学思维是指人对自然界中客观事物的一种认识行为、认知方式和认知品质的反映。中学科学教育层面的科学思维，还包含激发学生"崇尚真知，追求科学知识"的认知动机。科学思维具有以下一些显性特征：a. 崇尚真知，认同科学知识、原理和方法在解决问题中的作用（认知动机）；b. 尊重事实和证据，以事实和证据作为科学思维的起点（认知行为）；c. 正确的逻辑分析，运用科学的思维方法认识事物及事物之间的联系（认知方式）；d. 质疑和批判，创造性地提出观点、方法，以解决具体的问题（认知品质）。

安全生产是一种客观事物，员工对安全生产这种客观事物的思维过程是一个从具体到抽象、再从抽象到具体的过程，其目的是在思维中再现客观事物的本质，达到对客观事物的具体认识。思维规律由外部世界的规律决定，是外部世界规律在人的思维过程中的反映。

我国古代政治家荀况在总结军事和政治方法论时指出："安而不忘危，存而不忘亡，治而不忘乱。"把这种思想用在当代安全生产的事故预防上，也是十分得当的。因此，班组员工在实施安全生产保障对策时，也需要"狡兔三窟"，既要有"事前之策"——预防之策，也要有"事中之策"——救援之策，还要有"事后之策"——整改和惩戒。但是一定要让员工明白预防是上策，是杜绝事故发生的根源。事前预防是上策，事中救援是中策，事后惩戒是下策。

当今社会，安全是人类生活质量的体现。对于一个企业来说，安全就是一种生产力。我国正全面建成小康社会，已行进在经济稳定发展、文化繁荣进步的高速公路上。面对这样的时代要求，企业班组员工必须用现代的安全哲学武装头脑，指导职业安全行为，规范操作运行动作，为推进安全发展，实现高质量安全生产和丰富的安全生活而努力。

26. 教育员工必须掌握安全管理公理

公理是指依据人类理性的不证自明的基本事实，经过人类长期反复实践的检验，不需要再加证明的基本命题。安全管理公理可理解为"人们在安全管理实践活动中，客观面对的，无可争论的命题或真理"。安全管理公理客观存在，是真实的事实，不需要证明或争辩，能够被人们普遍接受，具有客观真理的属性和意义。班组员工把安全管理公理铭记心中是安全生产的客观要求。

(1) 生命安全至高无上

在世界上的一切事物中，安全必须置于最高、至上的地位。该公理表明了安全的重要性。从需求层次论奠基人马斯洛（美国）的"需求层次"理论中也可以看出，安全是人的最基本的需要。"生命安全至高无上"是我们每一个人、每一个企业、每一个班组和整个社会都接受和认可的客观真理。对于每一个人，生命安全是根本，没有生命就没有一切；对于班组和企业，生命安全大于天，没有生命安全，就没有基本的生产力，更谈不上经济效益；对于整个社会，生命安全是基础，没有人的生命安全，社会就不复存在。生命安全是个人和家庭生存的源泉，是企业和社会发展的基石。无论是自然人还是社会人，无论是企业家还是政府官员，无论是家庭成员还是班组员工，都必须建立安全至上的生命价值观。

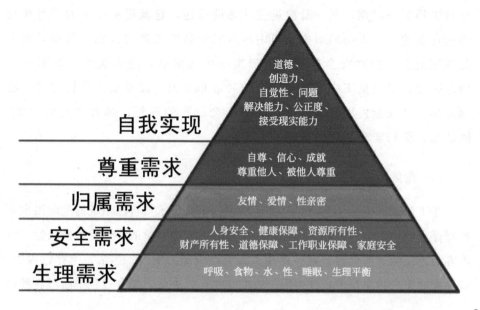

(2) 事故灾难是安全风险的产物

企业发生的各类事故和社会上发生的各种公共安全事件取决于安全风险因素的形态及程度，事故灾难是安全风险的产物。这个公理说明了安全的本质。安全风险是事物所处的一种不安全状态，这种状态将可能导致某种事物或某一系列的损害或损失事件的发生。班组员工必须清楚：事故是由生产过程或生活活动中人、机、环境、管理等系统因素控制不当或失效所致，这种不当或失效就是风险因素。从理论上讲，风险因素的发生概率及其状态决定安全的程度，安全的程度或水平决定避免事故的能力。这个公理明确了安全工作的目标，指出了预防事故的方向。因此，班组员工必须掌握。

(3) 安全是相对的

班组员工要明白，人类创造和实现的安全状态和安全条件是动态的、相对的；安全没有最好，只有更好；安全没有终点，只有起点。安全的相对性是安全社会属性的具体体现，是安全的一个基本特性。安全科学是一门交叉科学，既有自然属性，也有社会属性；既包含自然科学，也包含社会科学。针对安全的自然属性，从微观和具体的技术对象角度，安全存在着绝对性特征。但从安全的社会属性角度来看，安全不是瞬间的结果，而是对事物某一时期、某一阶段过程状态的描述，这就说明安全的相对性是普遍存在的。在人类的历史长河中绝对安全是理想化的目标，而相对安全是客观现实。相对安全是安全生产实践中的常态，是客观的、普遍存在的。因此，班组员工应有相对安全的对策和意识。面对安全的相对性，必须要建立"安全发展"的理念，树立安全过程的思想，具有"安全发展"的认知，弘扬安全文化的精神。

(4) 危险是客观的

在工业生产、社会生活、公共活动中，来自技术与自然系统的危险因素是客观存在的。危险因素的客观存在性决定需求安全科学的必然性和持久性。危险客观地反映了安全的客观性属性。人类在长期的生产、生活、生存过程中，需要发展安全科学技术，这是因为人类在生产、生活、生存过程中面对各种自然系统和人造系统的客观危险和危害，并且随着科学技术的发展，这种危险和危害越来越复杂，越来越严重，越来越难驾驭。

(5) 人人需要安全

生活中的每一个自然人、社会人，无论地位高低、财富多少，都需要和期望自身的生命安全，都需要生产安全，都需要生活安全，都需要生存安全。安全发展、科学发展是人类社会普遍性和基础性的目标。安全是人类生产、生活、生存的基础，也是生命存在的前提，更是社会发展的条件。人类从事任何活动都需要安全工作保障。因此，无论是自然人还是社会人，生命安全，人人需要；无论是老板还是员工，安全生产，人人需要；无论是官员还是百姓，安全稳定，人人需要。因为安全保护生命，安全保障生产，安全保持稳定。反之，没有安全就没有一切，安全是生命存在的基础。

总之，班组员工应掌握安全管理公理，牢记生命安全至高无上；明白事故灾难是安全风险的产物；懂得安全是相对的，理解危险是客观的。

27. 班组安全教育要搞清"安全发展"的意义

(1) 安全管理理论的发展

安全管理理论的发展经历了四个阶段：第一阶段是在人类工业发展初期发展了事故学理论，建立在事故致因分析理论基础上，是经验型的管理模式，常称之为传统安全管理阶段；第二阶段是在电气化时代发展了危险管理理论，建立在危险分析理论基础上，具有超前预防型的管理特征，常称之为科学管理的初级阶段；第三阶段是在信息化时代发展了风险理论，建立在风险控制基础理论上，具有系统化管理的特征，这一阶段提出了风险管理，常称之为科学管理的高级阶段；第四阶段是本质安全管理目标阶段。

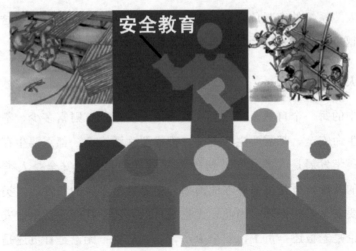

安全管理理论发展的每个阶段均对应一种安全管理模式。

第一阶段对应的是事故型管理阶段，以事故为管理对象，管理流程是：事故发生→现场调查→分析原因→找出主要原因→理出整改措施→实施整改→效果评价和反馈。这种管理模式的特点是经验型。缺点是事后整改、成本高、不符合预防的原则。

第二阶段对应的是缺陷型管理方式，以缺陷或隐患为管理对象，管理流程是：查出隐患→分析成因→找出关键问题→提出整改方案→实施整改→效果评价。这种管理模式的特点是超前管理、预防型、标本兼治。缺点是系统全面有限、被动式等。

第三阶段对应的是风险型管理模式，以风险为管理对象，管理流程是：风险全面辨识→风险科学分级→制定风险防范方案→风险适时预报→风险适时预警→风险及时预控→风险消除和消减→风险控制在可接受水平。这种管理模式的特点是风险管理类型全面、过程系统、有效预警预控。缺点是专业化程度高、应用难度大。

第四阶段对应的是目标型管理模式，以安全系统为管理对象，管理流程是：制定安全目标→分解目标→管理方案设计→管理方案实施→适时评审→管理目标实现→管理目标优化。这种管理模式特点是全面、预防、系统、科学。缺点是成本高、技术性强、处于探索阶段。

(2) 安全管理模式的发展

① 安全的经验管理。经验安全管理就是从已发生事故中吸取经验教训，

进而加强安全管理，防止同类事故再次发生的管理模式。以事故为研究对象和认识目标，在认识上主要是经验论与事后的安全观，是建立在事故与灾难的经历上来认识安全，是一种逆式思维，因而这种解决安全问题的模式称为事故型，其根本特征是被动和滞后。

② 安全的科学管理。科学安全管理是以人、机、环境、信息等要素组成的安全系统为研究对象，基于系统科学理论方法形成的现代安全管理模式。其以安全系统为研究对象和认识目标，在认识论上主要是本质论与预防型的安全观。随着人们对安全问题认识的深入，意识到建立一门专业的理论体系——安全科学的必要性和迫切性，并在此基础上开展各项安全管理活动，才能更好地实现安全目标。其主要特征是规范化、标准化、程序化。

③ 安全的文化管理。文化安全管理是以人为核心，激发人的主观能动性，树立良好的安全观念，培养优异的安全行为素养，形成自主学习，良性循环，不断完善，追求卓越的安全体制和机制的管理模式。安全的文化管理的特点是：一切依靠人，对安全核心价值获得一致高度的认同；"安全第一"的原则得到普遍、自觉执行；管理的重点从行为层转到观念层；体现硬管理与软管理的巧妙结合。

(3) 安全管理技术的发展

现代安全管理的方法主要有：安全科学决策，安全规划，安全系统管理，事故致因管理，安全法制管理，安全目标管理，安全标准化管理，无隐患管理，安全行为抽样技术，HSE管理体系，危险源辨识，风险分级评价，危险预知活动，事故判定技术，安全系统工程，危险与可操作性研究等。

28. 班组要进行事故预防对策教育

在班组安全工作中，采取综合、系统的对策是搞好班组安全生产，有效预防事故的重要原则。随着工业安全科学技术的发展，安全系统工程、安全科学管理、事故致因理论、安全法制建设等学科和方法技术的发展，在职业安全卫生和减灾方面总结和提出了一系列的对策。

(1) 安全法制对策

安全法制对策是利用法制的手段，对生产的建设、实施、组织，以及目标、过程、结果等进行安全监督与监察，使之符合安全生产的要求。安全生产的法制对策是通过如下几方面的工作来实现的。

① 安全生产责任制度。就是明确企业各级"一把手"是安全生产的第一责任人，管生产必须管安全，必须负责全面综合管理。不同职能机构有特定的安全生产职责。如一个企业，要落实安全生产责任制度，需要对各级领导和职能部门定出具体的安全生产责任，并通过实际工作得到落实。班组及班组长也要落实安全生产责任，也要受到安全法制的约束。

② 实行强制的国家安全监察。国家安全监察就是指国家授权相关行政部门设立的监察机构，以国家名义并运用国家权力，对企业、事业和有关机关履行劳动保护职责，执行劳动保护对策和安全生产法规的情况，依法进行监督、纠正和惩戒工作，是一种专门监督，是以国家名义依法进行的具有高度权威性、公正性的监督、执法活动。

③ 建立健全安全法规制度。各行业的职业安全卫生管理要围绕行业职业安全卫生的特点和需要，在技术标准、行业管理条例、工作程序、生产规范以及生产责任制度方面进行全面的建设，实现专业管理的目标。

(2) 安全工程技术对策

① 消除潜在危险原则。在本质上消除事故隐患，是理想的、积极的、进步的事故预防措施。其基本的做法是以新的系统、新的工艺和技术代替旧的不安全系统、工艺和技术，从根本上消除事故发生的基础。例如，用不可燃材料代替可燃材料，以导爆管技术代替导爆索起爆方法；改进机器设备，消除人体操作对象和作业环境的危险因素；排除噪声、尘毒对人体的影响等，从本质上实现安全生产。

② 降低潜在危险因素数值原则。在系统危险不能根除的情况下，尽量地降低系统的危险程度，使系统一旦发生事故，所造成的后果严重程度最小。如对于手持电动工具，采用双层绝缘措施；利用变压器降低回路电压；在高压容器中安装安全阀、泄压阀抑制危险发生等。

③ 冗余性原则。所谓冗余性，通常指通过多重备份来增加系统的可靠性。如在电力系统中线路双重保护属于设备性冗余，保障电网安全；倒闸操作双监护是通过制度性冗余来保障人身安全。由此形成的冗余性，是基于安全生产实际进行分析、管控而制定双重甚至多重措施预防事故发生的一种安全理念，就是通过多重保险、后援系统等措施，提高系统的安全系数，增加安全余量。如在工业生产中降低额定功率；增加钢丝绳强度；飞机系统的双引擎；系统中增加备用装置或设备等措施。

④ 闭锁原则。利用某种方法保证一些元件强制发生相互作用，以保证安全操作，称为闭锁原则。例如，当防爆电气设备防爆性能破坏时自行断电；提升罐笼的安全门不关闭就不能合闸开启；载人或载物的升降机，其安全门不关闭就不能合闸开启；高压配电屏的网门，当合闸送电后就自动锁上，维修时只有拉闸停电后，网门才能打开，以防触电。

⑤ 能量屏障原则。在人、物与危险之间设置屏障，防止意外能量作用到人体和物体上，以保证人和设备的安全。如建筑高处作业的安全网、反应堆的安全壳等，都起到了屏障作用。

⑥ 距离防护原则。当危险和有害因素的伤害作用随距离的增加而减弱时，应尽量使人与危险源距离远一些。对于噪声源、辐射源等危险因素可采用这一原则减小其危害。化工厂建在远离居民区、爆破作业时的危险距离控制，均是这方面的例子。

⑦ 时间防护原则。使人暴露于危险、有害因素的时间缩短到安全程度之内。如开采放射性矿物或进行有放射性物质的工作时缩短工作时间；粉尘、毒气、噪声的安全指标，随工作接触时间的增加而减小。

⑧ 薄弱环节原则。即在系统中设置薄弱环节，以最小的、局部的损失换取系统的总体安全。如电路中的熔丝、锅炉的熔栓、煤气发生炉的防爆膜、压力容器的泄压阀等，它们在危险情况出现之前就发生破坏，从而释放或阻断能量，以保证整个系统的安全性。

⑨ 坚固性原则。这是与薄弱环节原则相反的一种对策，即通过增加系统强度来保证其安全性，如加大安全系数、提高结构强度等措施。

⑩ 个体防护原则。根据不同作业性质和条件配备相应的保护用品及用具。

采取被动的措施，以减轻事故和灾害造成的伤害或损失。

⑪ 代替作业人员原则。在不可能消除和控制危险、有害因素的条件下，以机器、机械手、自动控制器或机器人代替人或人体的某些操作，摆脱危险和有害因素对人体的危害。

(3) 安全教育对策

安全教育是对企业各级领导、管理人员以及操作工人进行安全思想政治教育和安全技术知识教育。安全思想政治教育的内容包括国家有关安全生产、劳动保护的方针政策、法规法纪。通过教育提高各级领导和广大员工的安全意识、政策水平和法制观念，牢固树立"安全第一"的思想，自觉贯彻执行各项劳动保护法规政策，增强保护人、保护生产力的责任感。安全技术知识教育包括一般生产技术知识、一般安全技术知识和专业安全生产技术知识的教育，安全技术知识寓于生产技术知识之中，在对员工进行安全教育时必须把二者结合起来。

总之，班组预防事故的对策，要在班组安全教育中体现出来。一是安全法制；二是安全工程技术；三是安全教育。这就是人们常说的安全生产"3E"（Enforcement, Engineering, Education）对策。用安全法制来规范班组员工的行为，用安全工程技术来提高班组员工的技能，用安全教育来丰富班组员工的意识。只要"3E"对策用得正确、用得得当，班组的事故就能减少或杜绝。

29. 要强化对人为事故的对策教育

(1) 人为事故规律

在生产实践活动中，人既是促进生产发展的决定因素，又是生产中安全与事故的决定因素。人的安全行为能保证安全生产，人的异常行为会导致与构成生产事故。因此，要想有效预防、控制事故的发生，必须做好人的预防性安全管理，强化和提高人的安全行为，改变或抑制人的异常行为，使之达到安全生产的客观要求，达到超前预防、控制事故发生的目的。下表揭示了人为事故的基本规律。

人为事故规律表

异常行为系列原因		内在联系	外延现象
产生异常行为内因	表态始发致因	生理缺陷	耳聋、眼花、各种疾病、反应迟钝、性格孤僻等
		安全技术素质差	缺乏安全思想和安全知识、技术水平低、无应变能力等
		品德不良	意志衰退、目无法纪、自私自利、道德败坏等
	动态续发致因	违背生产规律	有章不循、执章不严、不服管理、冒险蛮干等
		身体疲劳	精神不振、神志恍惚、力不从心、打盹睡觉等
		需求改变	急于求成、图懒省事、心不在焉、侥幸心理等
产生异常行为外因	外侵导发致因	家庭社会影响	情绪反常、思想散乱、烦恼忧虑、苦闷冲动等
		环境影响	高温、严寒、噪声、异光、异物、风雨雪等
		异常突然侵入	心慌意乱、惊慌失措、恐惧胆怯、措手不及等
	管理延发致因	信息不准	指令错误、警报错误
		设备缺陷	技术性能差、超载运行、无安全技术设备、非标准等
		异常失控	管理混乱、无章可循、违章不纠等

在掌握了人们异常行为的内在联系及其运行规律后，为了加强人的预防性安全管理工作，有效预防、控制人为事故，可以从以下四个方面入手。

① 从产生异常行为表态始发致因的内在联系及其外延现象中得知：要想有效预防人为事故，必须做好劳动者的表态安全管理。例如，在班组开展安全宣传教育、安全培训，提高人们的安全技术素质，使之达到安全生产的客观要求，从而为有效预防人为事故提供基础保证。

② 从产生异常行为动态续发致因的内在联系及其外延现象中得知：要想有效预防、控制人为事故，必须做好劳动者的动态安全管理。例如，建立健全安全法规、开展各种不同形式的安全检查等，促使人们认识生产实践规律，及时发现并及时改变人们在生产中的异常行为，使之达到安全生产要求，从而预防、控制人的异常行为导致的事故发生。

③ 从产生异常行为外侵导发致因的内在联系及其外延现象中得知：要想有效预防、控制人为事故，还要做好劳动环境的安全管理。例如，发现劳动者

因受社会和家庭环境影响，思想混乱，有产生异常行为的可能时，要及时进行思想工作，帮助其解决存在的问题，消除后顾之忧等，从而预防、控制由于环境影响导致的人为事故发生。

④ 从产生异常行为管理延发致因的内在联系及其外延现象中得知：要想有效预防、控制人为事故，还要解决好安全管理中存在的问题。例如，提高管理人员的安全技术素质，消除违章指挥；加强工具、设备管理，消除隐患等，使之达到安全生产要求，从而有效预防、控制管理失控导致的人为事故。

(2) 强化人的安全行为，预防事故发生

强化人的安全行为，预防事故发生，是指通过开展安全教育提高人们的安全意识，使其产生安全行为，做到自觉预防事故的发生。主要应抓住两个环节：一要开展安全教育，提高人们预防、控制事故的能力；二要抓好人为事故的自我预防。

① 劳动者要自觉接受安全教育，不断提高安全意识，牢固树立安全思想，为实现安全生产提供支配行为的思想保证。

② 要努力学习生产技术和安全技术知识，不断提高安全素质和事故应变能力，为安全生产提供支配行为的技术保证。

③ 必须严格执行安全规律，不能违章作业、冒险蛮干，即只有用安全法规统一自己的行为，才能有效预防事故的发生，实现安全生产。

④ 要做好个人使用的工具、设备和劳动保护用品的日常维护保养，使之保持完好的状态，并要做到正确使用。当发现有异常时要及时进行处理，控制事故发生，保证安全生产。

⑤ 要服从安全管理，并敢于抵制他人违章指挥，保质保量完成自己承担的生产任务，遇到问题要及时提出，确保安全生产。

(3) 改变人的异常行为，控制事故发生

改变人的异常行为，是继强化人的表态安全管理之后的动态安全管理。通过强化人的安全行为预防事故的发生，改变人的异常行为控制事故的发生，从而达到超前有效预防、控制人为事故的目的。

① 自我控制。自我控制是一个人对自身心理与行为的主动掌握。它是人所特有的一种特殊的活动。人的活动就其针对性而言有两种：一种是针对客观

世界的，人通过各种物质工具与技术手段改造客观世界，从而达到控制客观世界的目的，物质工具及技术手段越高级，人对客观世界的控制水平就越高；另一种则是针对主观世界的，人对主观世界的控制则是运用记号乃至语言这些精神工具，通过自我意识达到控制自身心理和行为的目的。自我控制水平的高低与一个人的个性品质和自身锻炼密切联系。

② 跟踪控制。跟踪控制，是指运用事故预测法，对已知产生异常行为因素的人员做好转化和行为控制工作。例如，对已知的违章人员指定专人负责做好转化工作和进行行为控制，防止其异常行为的产生和导致事故发生。

③ 安全监护。安全监护，是指对从事危险较大生产活动的人员指定专人对其生产行为进行安全提醒和安全监督。例如，电工在送电作业时一般要求由两人同时进行，一人操作，一人监护，防止误操作事故的发生。

④ 安全检查。安全检查，是指运用人的自身技能对从事生产实践活动人员的行为进行各种不同形式的检查，从而发现并改变人的异常行为，控制人为事故发生。

⑤ 技术控制。技术控制，是指运用安全技术手段控制人的异常行为。例如，绞车安装的过卷装置，能控制由于人的异常行为导致的绞车过卷事故；变电所安装的联锁装置，能控制人为误操作导致的事故；高层建筑施工时设置的安全网，能控制人从高处坠落后导致人身伤害的事故发生等。

总之，班组安全教育的目的是提高员工安全技能，预防各类事故的发生，重要的是预防人为事故的发生。班组是人为事故发生的主要群体，因此，控制

人为事故的发生是班组安全教育学习的重要内容。

30. 设备事故的预防性安全教育

(1) 设备因素与事故的规律

设备事故规律，是指在生产系统中，设备的异常状态违背了生产规律，致使生产实践异常运动而导致事故发生，所具有的普遍性表现形式如下。

① 设备故障规律。是指设备自身的异常而产生故障及导致发生事故，在整个寿命周期内的动态变化规律。认识与掌握设备故障规律，是从设备的实际技术状态出发，确定设备检查、试验和修理周期的依据。例如，一台新设备和同样一台长期运行的老、旧设备，由于投运时间和技术状态不同，其检查、试验、检修周期是不应相同的。应按照设备故障规律，来确定各自的检查、试验、检修周期。这样既可以克服单纯以时间周期为基础表态管理的弊端，减少不必要的检查、试验、检修的次数，节约人力、物力、财力，提高设备安全经济运行的效益，又能提高必要的检查、试验、检修的次数，确保设备安全运行。

② 与设备相关的事故规律。设备不仅自身异常能导致事故发生，而且与人、环境的异常结合也能导致事故发生。因此，要想超前预防、控制设备事故的发生，除要认识、掌握设备故障规律外，还要认识、掌握设备与人、环境相关的事故规律，并相应地采取保护设备安全运行的措施，才能达到全面有效预防、控制设备事故的目的。

③ 设备与人相关的事故规律。设备与人相关的事故规律，是指人的异常行为与设备结合而产生的物质异常运动。例如，人们违背操作规程使用设备、超性能使用设备、非法使用设备等所导致的各种相关的事故，均属于设备与人相关的事故规律的表现形式。

④ 设备与环境相关的事故规律。设备与环境相关的事故规律，是指环境异常与设备结合而产生的物质异常运动。其中，一种是固定设备与变化的环境

相结合而导致的设备故障,如由于气温变化或环境污染导致的设备故障;另一种是移动设备与异常环境结合而导致的设备事故,如汽车在交通运输中由于路面异常而导致的交通事故。

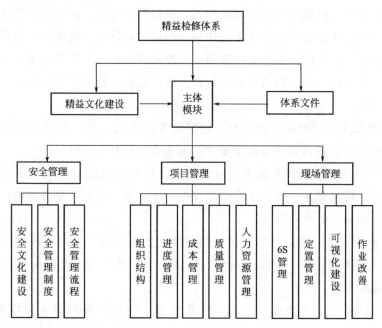

(2) 设备事故的原因分析

设备发生事故的原因,从总体上分为内因耗损和外因作用。内因耗损是检查、维修问题,外因作用是操作使用问题。其具体原因又分为:是设计问题,还是使用问题;是日常检修问题,还是长期失修问题;是技术问题,还是管理问题;是操作问题,还是设备失灵问题等。

设备事故的分析方法,同其他生产事故一样,均要按"四不放过"原则进行,即事故原因未查清不放过、责任人员未处理不放过、责任人和群众未受教育不放过、整改措施未落实不放过。通过设备事故的原因分析,针对导致事故的问题,采取相应的防范措施,加强维护保养,以及对老、旧设备进行更新、改造等,从而防止同类事故重复发生。

(3) 设备事故的预防、控制要点

在现代生产中,人与设备是不可分割的统一整体,没有人的作用设备是不会自行投入生产使用的；同样，没有设备人也是难以从事生产实践活动的，只有把人与设备有机地结合起来，才能促进生产的发展。但是人与设备又不是平等的关系，而是主从关系。人是主体，设备是客体，设备不仅是人设计制造的，而且是由人操纵使用的，服从于人，执行人的意志。同时人在预防、控制设备事故中，始终起着主导支配的作用。因此，对设备事故的预防和控制，要以人为主导，运用设备故障规律和预防、控制事故原理，按照设备安全与管理的需求，重点做好如下预防性安全管理，这也是班组设备事故预防性安全教育的主要内容。

① 根据生产需要和质量标准，做好设备的选购、进厂验收和安装调试工作，使投产的设备达到安全技术要求，为安全运行打下基础。

② 开展安全宣传教育和安全技术培训，提高班组成员的安全意识和安全技术素质，使其掌握设备技术性能和安全使用要求，并做到专机专用，为设备安全运行提供人的素质保证。

③ 要为设备安全运行创造良好的条件，如为设备安全运行保持良好的环境，安装必要的防护、保险、防潮、保温、降温等设施，以及配备必要的测量、监视装置等。

④ 配备熟悉设备性能、会操作、懂管理、能达到岗位要求的技术工人，危险性设备要做到持证上岗，禁止违章使用。机械设备操作按规定配备足够的工作人员，贯彻"谁使用，谁管理"的原则。操作人员必须按规定持证上岗，自觉遵守定人、定机使用安全制度。

⑤ 按设备故障规律，定好设备的检查、试验、修理周期，并要按期进行检查、试验、修理，巩固设备安全运行的可靠性。当固有可靠性低或使用可靠性低或这两种可靠性都低时，设备就有可能发生故障。对故障采取对策，重要的是对故障原因在固有可靠性和使用可靠性上进行识别。当固有可靠性提高时，提高使用可靠性就比较容易；而当固有可靠性低时，要提高使用可靠性就十分困难。因此，从根本上讲，要防止故障的发生，最有效的对策就是注意设备固有可靠性的形成，即重视设备的设计、制造、安装、调试、使用全过程。

⑥ 要做好设备在运行中的日常维护保养，如该防腐的要防腐、该保温的要保温、该去污的要去污、该注油的要注油、该降温的要降温。总之，严格按照设备的维护保养规程去办事。

⑦ 要做好设备在运行中的安全检查，做到及时发现问题、及时解决问题，使之保持安全运行状态。

⑧ 根据需要和可能，对新、老设备进行有步骤、有重点的更新、改造，使之达到安全运行和发展生产的客观要求。

⑨ 建立、健全设备使用操作规程和管理制度以及责任制，用以指导设备的安全管理，保证设备的安全运行。

总之，班组员工是设备的直接使用者，在对班组员工的安全培训中，让他们了解设备因素与事故的规律，掌握设备故障及事故的原因分析方法，进而努力做到预防、控制事故的发生，是班组预防设备事故发生的真谛。

31. 班组须进行预防发生环境事件的教育

安全系统工程是运用系统论的观点和方法，结合工程学原理及有关专业知识来研究生产安全管理和工程的新学科，是系统工程学的一个分支。其研究内容主要有危险的识别、分析与事故预测；消除、控制导致事故的危险；分析构成安全系统各单元之间的关系和相互影响，协调各单元之间的关系，取得系统安全的最佳设计等。目的是使生产条件安全化，使事故减少到可接受的水平。

(1) 环境与事故的规律

依据环境导致事故的危害方式，分为如下五个方面内容：a. 环境中的生产布局、地形、地物等；b. 环境中的温度、湿度、光线等；c. 环境中的尘毒、噪声等；d. 环境中的山林、河流、海洋等；e. 环境中的雨水、冰雪、风云等。

环境是生产活动必备的条件，任何生产活动无不置于一定的环境之中，没有环境生产实践活动是无法进行的。例如，建筑楼房不仅要占用自然环境中的土地，而且施工过程还要人为形成施工环境，否则是无法建筑楼房的。又如，船舶须置于江、河、湖、海的环境之中才能航行，否则寸步难行。同时，环境又是决定生产安危的一个重要物质因素。其中，良好的环境是保证安全生产的物质因素，异常环境是导致生产事故的物质因素。例如，在生产过程中，由于环境中的温度变化，高温天气能导致劳动者中暑，严寒天气能导致劳动者冻伤，也能影响设备安全运行而导致设备事故。又如，生产环境中的各种有害气体能引起爆炸事故和导致劳动者窒息，尘毒危害能导致劳动者患职业病，生产环境中的地形不良、材料堆放混乱或有其他杂物等均能导致事故发生。

(2) 环境导致事故的预防、控制要点

在认识到良好的环境是安全生产的保证、异常环境是导致事故的物质因素及其运动规律之后，依据环境安全与管理的需求，对环境导致事故的预防和控制，主要应做好如下几个方面的工作。

运用安全法制手段加强环境管理，预防事故的发生；治理尘毒危害，预防、控制职业病发生；应用劳动防护用品，预防、控制环境导致事故的发生；运用安全检查手段改变异常环境，控制事故的发生；加强污染源的调查，对不合格的企业令其停产、限期整改，对污染严重的企业令其关闭或转产；对布局于环境敏感地区的污染企业令其迁出；对有毒、有害化学品运输，工业废物的处置等，应建立严格的防范措施、管理制度；对有毒、有害化学品生产企业、仓库、煤气管道等易引发环境污染事故的场所，安装预测报警装置。

总之，环境问题是人类生产、生活、生存的大问题。班组在生产过程中发生的环境事件有可能导致安全事故的发生。在班组的安全教育培训中，也要引导员工认识环境与事故的规律，并掌握好环境导致事故的预防、控制要点，这样才能控制环境事件的发生。

32. 安全教育要掌握时间因素导致事故的规律

时间因素导致事故的预防和控制，是在揭示了时间与事故的联系及其运动规律，认识到时间变化导致发生的事故，依据安全生产与管理的需求，运用事件导致事故和预防、控制事故原理，联系实际而产生的一种对生产事故进行超前预防、控制的方法，是班组安全教育的内容之一。

(1) 时间因素导致事故的规律

任何生产劳动无不置于一定的时间之内。时间表明生产实践经历的过程。

正确运用劳动时间，能保证安全生产，提高劳动生产率，促进经济发展。反之，异常的劳动时间则是导致事故的一种相关因素。

① 失机的时间能导致事故。失机的时间能导致事故，是指在生产实践中改变原定的时间会导致事故发生。如火车在抢点、晚点时发生的撞车事故，电气作业不能按规定时间停送电而发生的触电事故等。

② 延长的时间能导致事故。延长的时间能导致事故，是指在生产实践中超过了常规时间会导致事故发生。如员工加班加点工作，或不能按规定时间休息，由疲劳导致的各种事故；设备不能按规定时间检修，故障不能及时排除而导致的与设备相关的事故等。

③ 异变的时间能导致事故。异变的时间能导致事故，是指在生产实践中由于时间变化会导致事故发生。如由于季节变化而导致发生的各种季节性事故；节日前后或下班前后，由于时间变化，人们心散意乱而导致发生的各类事故。

④ 非常时间能导致事故。非常时间能导致事故，是指在出现非常情况的特殊时间里会导致事故发生。如在抢险救灾中发生的与时间相关的事故，在生产中争取时间抢任务而发生的各种事故等。

(2) 时间因素导致事故的预防技术

在认识到正常劳动时间能保证安全生产、异常劳动时间具有导致事故的因素及其运动规律之后，依据安全生产与管理的需求，对时间因素导致事故的预防和控制，主要应抓住两个环节：一是正确运用劳动时间预防事故发生；二是改变与掌握异常劳动时间控制事故发生。

① 正确运用劳动时间预防事故发生。依据劳动法规，结合企业安全生产的客观要求，正确处理劳动与时间的关系，合理安排劳动时间，保证必要的休息时间，做到劳逸结合，以预防事故的发生。

② 改变与掌握异常劳动时间控制事故发生。异常劳动时间，是指在生产过程中，由于时间变化而具有导致事故因素的非正常生产时间。为了控制异常劳动时间导致发生的事故，依据安全生产与管理的需求，运用时间因素导致事故的规律，要做好如下工作。

一是限制加班加点控制事故发生。员工在法定的节日或公休日从事生产或工作的，称为加班。在正常劳动时间外又延长时间进行生产或工作的，称为加点。加班、加点属于异常劳动时间工作，具有导致事故的因素，因此，在一般情况下严禁加班、加点，只有在特殊情况下才可以加班、加点，但必须做好在加班、加点中的安全管理。例如，生产设备、交通运输线路、公共设施发生故障，影响生产和公共利益必须加班、加点及时抢修时，在抢修前要有应急的安全技术措施，抢修中严禁违章蛮干，不要因抢修而扩大事故的发生。

二是抓好季节性事故的预防和控制。季节性事故，是指随着季节时间的变化而导致发生的与气候因素相关的事故，如雷害、火灾、风灾、水灾、雪灾，以及中暑、冻伤、冻坏设备等季节性事故。季节性事故的预防和控制，首先要认识与掌握本企业本班组可能发生的季节性事故，根据季节的特点制定安全防范措施，如夏季要做好防雷、排水、防暑降温的准备工作，冬季要做好防寒、防冻的准备工作等。然后还要根据实际变化情况具体做好防范工作，如开展安全宣传教育，提高员工的安全生产思想，加强员工的安全保护和设备的安全运行保护，以及开展安全检查，整改存在的问题，从而达到预防、控制季节性事故的目的。

三是做好异常劳动时间的安全管理。首先，要掌握在异常劳动时间里生产发生异常变化的原因以及发展变化的动态，做到心中有数，及时提出应变措施，如停电作业前必须验电、接地，从而控制事故的发生。其次，要做好在异常劳动时间里的安全宣传教育工作和信息沟通，如在抢险救灾中人们要保持清醒的头脑，做到忙而不乱，有序地完成任务，不能因抢险而扩大事故。再次，要及时组织人力、物力，积极有序地排除异常变化中的问题，如抢修线路、排除设备故障、救护人员等，要努力缩短异常变化的时间，控制事故的扩大，减少灾害损失。

33. 班组员工须学习安全行为科学

(1) 安全行为科学与安全管理学科具有必然的联系

安全管理是一门科学。科学是人类在社会历史生活过程中所积累起来的关于自然、社会和思维的各种知识体系，是人类知识长期发展的总结。科学研究的任务在于揭示社会现象和自然现象的客观规律，找出事物的内在联系和法则，解释事物现象，推动事物发展。安全管理就是研究人和人关系以及研究人和自然关系的科学。具体地讲，就是研究劳动生产过程中的不安全不卫生因素与劳动生产之间的矛盾及其对立统一的规律,研究劳动生产过程中劳动者与生产工具、机器设备和工作环境等方面的矛盾及其对立统一的规律,以便应用这些规律保护劳动者在生产过程中的安全与健康,保障机器设备在生产过程中正常运行,促进生产发展,提高劳动生产率。

(2) 行为科学是从社会学和心理学的角度研究人的行为的科学

行为科学研究人的行为规律,主要研究工作环境中个人和群体的行为,目的在于控制并预测行为;强调做好人的工作,通过改善社会环境以及人与人之间的关系来提高工作效率。行为科学的研究对象是人的行为规律,研究的目的是揭示和运用这种规律,为预测行为、控制行为服务。这里,预测行为指根据行为规律预测人们在某种环境中可能产生的言行,控制行为指根据行为规律纠正人们的不良行为,引导人们的行为向社会规范的方向发展。

行为科学由多种学科组成。人的行为是个人生理因素、心理因素和社会环境因素相互作用的结果,因此,行为研究广泛地涉及许多学科的知识,例如生理学、医学、精神病学、政治学等。在广泛的学科中,居于核心地位的是心理学、社会心理学、社会学和人类学。行为科学应用极其广泛,例如,可以应用于企业管理,为调动人的积极性和提高工作效率服务;可以应用于教育与医疗工作,研究纠正不良行为、治疗精神病的有效方法;可以应用于政治领域,作为寻求缓和矛盾、解决冲突的理论依据等。

班组员工在安全教育中,要学习安全行为科学,运用安全行为科学规律性的东西去指导自己的安全生产实践,其作用和效果是非常丰富和有趣的。因此,班组安全教育必须让员工学习安全行为科学。

34. 安全教育要学会导致事故的心理及控制

(1) 导致事故的心理分析

一个人的性格与事故紧密相连。性格是一个人较稳定的对现实的态度和与之相应的习惯性行为方式。性格分为情绪型、意志型和理智型。具有理智型性

格的人，由于行为稳重且自控能力强，因而行为失误少；情绪型相比之下就易于发生事故，这是由于情绪型属于外向性格，行为反应迅速，精力充沛，适应性强，但好逞强，爱发脾气，受到外界影响时情绪波动大，做事欠缺仔细；意志坚强的人对自己行动的动机和目的有清醒而深刻的认识，在碰到挫折和失败的时候可以调节自己的情绪，控制自己的言行，不灰心，不焦躁，能以顽强的精神、百折不挠的毅力战胜挫折和困难，实现自己的目标，能在复杂的情景中冷静迅速地判断发生的情况。

　　心理学的"事故倾向理论"认为：有些人不管工作情境如何，也不管干什么工作，都易引发事故。这种理论的意义在于通过对事故造成者进行研究，找出他们的共同个性特征，然后对其个性进行调整或适当安排，如把容易出事故的人分配去做不易发生事故的工作，而把不容易出事故的人分配去做易发生事故的工作。

　　(2) 事故心理控制

　　为了更好地防止事故，需要对事故心理进行有效的控制。而且控制的前提是预测，事故心理的预测方法有以下几种。

　　直观型预测：主要靠人们的经验和知识综合分析进行预测。

因素分析型预测：从事物发展中找出制约该事物发展的重要因素，作为该事故发展进行的预测因子，测知各种重要相关因素。

指数评估型预测：对构成事故行为人的引起事故的心理结构等若干重要因素分别按一定标准评分，然后加以综合，做出总的估量，进而得出某一个引起事故的可能性指标。

导致事故的心理虽然不如人的全部心理那样广泛，但仍然有相当复杂的内容，而且其中各种因素之间相互联系和依存、相互矛盾与制约。在研究人的导致事故的心理过程中，发现影响和导致一个人发生事故行为的种种心理因素不仅内容多，而且最主要的是各种因素之间存在着复杂而有机的联系。它们常常是有层次的，互相依存，互相制约，辩证地起作用。为了便于研究，人们把影响和导致一个人发生事故行为的种种心理因素假设为事故心理结构。事故心理结构由众多的导致事故发生的心理要素组成。在实际工作中，只有当一个人形成一定的引起事故的心理结构，而且具有可能引起事故的性格，并且碰到一定的引起事故的机遇时，才会发生也必然发生引起事故的行为。由此，可得出最基本的逻辑模型：造成事故的心理结构＋事故机遇→导致事故的行为发生→事故。根据这一事故模型我们不难看出：在研究引起事故发生的原因时，首先要考虑造成事故者的心理状态，分析事故心理结构及其对行为的影响和支配作用，从而弄清事故心理结构和其他事故行为的因果关系。从这个意义上说，可以通过研究造成事故者心理结构的内容要素和形成原因，探寻其心理结构的形成过程的客观规律，便能寻找出事故行为人的心理原因。在研究事故的预测问题时，首先应着重于研究事故心理，实际上就是通过对造成事故心理的调查研究，通过统计、分析进行预测。当某一个人心理状况与造成事故的结构的某些心理要素接近或相似时，该人发生事故行为的可能性便增大。

(3) 心理结构及其性格的分析

对造成事故者的心理结构及其性格的分析讨论，有着理论和实践的意义。在生产过程中发生工伤事故的因素很多，而造成事故者的心理状态常常是导致事故的主要的，甚至是直接的因素。造成事故者的心理结构复杂多样，我们在事故心理结构设计时不可能把所有的事故心理因素全部列出。为便于研究，现归纳为十大心理要素：A 侥幸心理；B 麻痹心理；C 偷懒心理；D 逞能心理；

E 莽撞心理；F 心急心理；G 烦躁心理；H 粗心心理；I 自满心理；J 好奇心理。

可能造成事故心理因素的估量可用事故心理指数 Z 测定：

$$Z=(A+B+C+D+E+F+G+H+I+J)/(L+M)$$

式中，L 表示事业感和工作责任心；M 表示遵守安全规程，有安全技术和知识。

总之，在班组进行安全教育中，对员工进行一定的导致事故的心理分析和控制教育，对于分析发生事故的心理因素，进而控制发生事故员工的心理状态，最终达到控制和消灭事故，是一件非常好的事情。

35. 企业安全投资需纳入安全教育的内容

在一定的安全投资强度比例下，发挥安全投资的作用，要通过合理的投资结构来实现。通常要研究的企业安全投入有如下安全投资结构：企业安全设施的采购、维护、保养、使用、管理费用；安全宣传、培训、重大安全活动、重要安全会议等费用；劳动防护用品费用；作业场所安全设施费用；安全警示装置、安全标识等费用；安全检测设备及仪器等检测费用；尘、毒、噪声等环境治理费用；安全生产科研、安全技术规程、安全检查考核、安全评价、重大危险源监控等费用；应急预案、应急演练、应急现场防护用品等费用；事故救援和调查处理费用；安全生产奖励、安全管理人员工资、办公费等费用。在安全管理中，应该加强安全投资管理，制定相应的法规和落实相应的政策；推行安全会计制度；完善安全经济统计。一般来说，要建立科学投资理念，预防性投入与事后性投入等价关系是 1∶5。要明确安全效益金字塔规律，如 1 分系统设计安全性＝10 倍制造安全性＝1000 倍应用安全性。合理的安全投入结构会为企业的安全生产保驾护航。

对一个企业来说,安全生产形势的好坏在一定程度上反映了企业经营者对安全工作的重视程度和员工参与安全生产管理积极性的高低,尤其重要的是要毫不含糊地加大对各项安全工作的投入力度,这是确保企业安全生产的硬道路。可以从以下几个方面入手。

(1) 加大教育培训投入力度

按照《安全生产法》要求,开展各种形式的安全教育和培训工作。企业要按规定,每年专门安排足够的培训经费。通过培训教育,使员工接受全面的安全生产技能训练,努力达到业务技能和安全技能双提高。切实提高员工的安全素质和安全意识,提高员工的自我保护能力和逃生自救能力,自觉做到"四不伤害"。

(2) 加大员工安全需求投入力度

满足员工安全需要,通过各种安全技术措施,保证员工在安全的条件下进行生产。一要加大安全投入,消除各类事故隐患,减少有毒有害作业对员工的伤害,创造一个安全、文明、舒适的工作环境,使员工不受外界各种因素的干扰,以保持良好的心情,减少操作情绪和思想情绪的波动。二要定期为员工发放个人劳动防护用品。重视劳动保护,一方面体现企业的关心和爱护,另一方面又满足了员工的基本安全要求,使他们在重视安全生产的同时以实际行动来回报企业。三是购进的新设备、采用的新工艺都要符合安全的要求,从源头上把好本质安全关。

(3) 加大安全管理投入力度

管理人员在管理过程中,当生产与安全发生矛盾时,首先应考虑作业人员的人身安全。重效益、轻安全,违章指挥,强令工人冒险蛮干、加班加点,对事故隐患不进行及时整改,不对安全管理进行有效投入等,都是与作业人员的意愿相违背的。企业管理者要深入生产作业现场,了解安全生产的状况,对员工提出的安全生产建议要积极采纳,并认真及时地加以解决;安全管理者要不断提高安全管理水平,正确指导各项安全工作的开展。要防止形式主义,不说空话,多办实事,舍得投入,让员工看到管理人员实实在在为他们办事,工作才能安心。

总之,在班组安全教育活动中,要把安全投资和安全费用的政策、国际国内安全生产投入的做法以及有关企业的先进经验和措施讲给员工,使他们懂得安全生产投入是保障安全生产的基础,是安全工作的生命线。这样,员工在工作中才会珍惜安全生产的成果,进而在实际操作中遵守规程,一丝不苟,精益求精,确保安全。

36. 事故预想是预防事故的良策

(1) "事故预想"的指导理论为"多米诺骨牌定律"

"多米诺骨牌定律"的大意是:多个骨牌竖立排列,其距离小于骨牌竖立的高度,当把第一个骨牌推倒时,在第一个骨牌的作用下,其后的骨牌相互作用,顺序而倒,直到最后一个。我们把最后一个骨牌当作事故,那么其余每一个骨牌就是一个造成事故的环节。通过"事故预想",把造成事故的环节的任意一个"骨牌"抽掉,那么,顺序而倒的"骨牌"就不会到最后一个,也就杜绝了事故的发生。造成事故环节的"骨牌"抽掉得越多,安全保险系数越大。

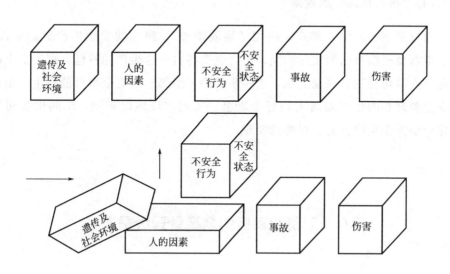

(2)"事故预想"的来源为"事故分析"

班组根据自己的工作性质对本班组以外的事故进行分析,采取预防本班组发生类似事故的措施。对"事故分析"要求了解:a. 事故背景及结果;b. 事故经过;c. 事故原因;d. 事故责任;e. 纠正、预防措施等方面。即使按照要求做到了"事故分析",如何预防事故的发生还是不能切入实际,为此,班组应结合实际将可能发生的事故作为已经发生的事故,进行"事故预想"。

(3)"事故预想"的具体程序

班组接受具体工作任务后,根据具体情况,班组成员一起讨论在所了解的本项工作任务中历史上有无发生过人身伤害事故,如果已有过人身伤害事故,则对类似事故进行"事故分析"。如果查不到类似事故,就根据每个人的工作经验,提出自己认为可能发生的人身伤害事故,把预想的事故归纳起来,就像触目惊心的现实摆在自己面前一样,查找造成事故的原因,追查造成事故的直接责任和间接责任。按照以上几个方面,大家共同提出纠正、预防的措施,把该办理的安全生产管理票证落实到人,制定好的安全措施做到人人皆知。

(4)"事故预想"的效果

通过发现、总结、推广、应用"事故预想",班组的安全生产受益匪浅。各班组都要根据自己的实际情况,努力创造各自安全生产的特色,把安全生产与每个人的切身利益联系起来,进一步发挥班组第三级安全教育的作用。企业的安全管理有的放矢地落实到每个班组,实现"班组保车间,车间保公司",确保企业安全生产方针、目标的实现。

37. 对班组盲区的教育管理很重要

在班组安全生产管理过程中,存在着诸多管理"盲区"。如果忽视这些方面的管理,无疑埋下了事故的祸根,因此,要着重对以下盲区进行安全教育。

(1)八小时以外的安全管理教育

班组往往重视八小时内即常白班时间内的安全管理工作,忽视或放松八小时以外的安全管理,而恰恰这段时间内事故发生率高。八小时以外往往处于安全管理的"真空"时段,尤其像化工企业连续生产,员工实行倒班制,八小以内由于安全管理人员的巡视检查、监督到位,员工往往能遵守纪律,严格按规定操作,而一旦安全管理人员下班后,有的班组员工往往放松了对自己的要求,思想上的松懈往往导致行为的差错,造成事故的发生。

要消除八小时以外的事故,首先要加强宣传教育,进一步绷紧安全弦,并要重点提高班组长的安全责任意识,让带班班组长真正履行安全生产监督的职责,从而填补这一时段安全管理的"真空"。另外,企业应加强领导干部夜间值班,要成立夜间值班小组,巡回监督检查员工夜间安全生产情况,并强化安全考核，从而确保八小时以外的安全生产。

(2) 节假日安全教育管理

随着国家法定节假日的延长，劳动节、国庆节等节假日放假时间较长，这给安全生产管理带来了新的难题，如果忽视节假日安全教育管理，往往易导致事故的发生。

要加强节假日安全教育管理，各班组在每周末应进行一次安全检查。在"五一""十一"前，企业应进行一次大范围检查，并落实具体的节假日的安全生产措施。另外，要加强节假日值班，企业的相关管理部门也要安排管理人员值班，监督检查生产过程的安全状况。

(3) "一人岗"安全教育管理

好多企业都有"一人岗"存在，在企业内不可避免地出现"一人岗"问题。一个岗位一名操作工，一旦出现了异常，不能及时发现、制止及解决，势必酿成恶果。这无形中增添了安全风险。要加强"一人岗"教育管理，班组要进一步增强"一人岗"操作者的责任心，强化培训教育，增强其防范事故的能力。同时，班组要加强与"一人岗"的联络，班组长或调度要定期、不定期与"一人岗"操作者保持联系，了解其岗位有关信息，并且增强巡检力度，多到"一人岗"巡查，及时发现并解决问题。

(4) 生产区外班组的安全教育管理

企业往往重视生产线上的安全管理，生产区外班组等的安全状况往往处于"失控"状态，而这些地方恰恰是公共场所，人员流动大，人员状况复杂，火险隐患较突出，而一旦发生事故，后果也极其严重。对生产区外班组的安全教育管理，要引起高度的重视，将这些地方的班组纳入整体安全教育管理范畴，设立安全教育管理人员,加强监督管理,督促整改隐患,强化安全宣传教育,保证安全。

38. 班组安全教育应"培"与"训"并重

(1) 重"培"轻"训"现象

安全培训教育是党中央、国务院对安全生产提出的治本之策,社会各界都高度重视。全国每年有上亿企业员工、农民工接受了安全培训教育,大力开展的安全培训教育为提高员工安全素质、促进安全生产形势的稳定好转做出了重要贡献。虽然取得了一定的成绩,但也要看到,在各行业、各单位开展安全培训教育时,还普遍存在着针对性不强、实效性不高的问题。产生问题的原因是多方面的,其中一个重要的原因就是培训机构和培训管理者对安全培训教育的概念认识不清,在安全培训教育中存在重"培"轻"训"的现象,甚至存在以"培"代"训"的现象。这种对安全培训教育中的"训"重视不够的现象主要表现在以下几个方面。

① 理论知识多,实际操作少。以国家安全监管有关部门对金属非金属矿山、危险化学品、烟花爆竹等行业从业人员安全生产培训大纲和考核标准为例,危险化学品、烟花爆竹等行业从业人员及金属非金属矿山开采从业人员新上岗的培训均为每年72学时,金属非金属矿山露天开采从业人员新上岗的培训为每年40学时,其培训内容几乎都是理论知识;特种作业人员的培训大纲中对安全技术理论知识部分要求为每年60学时,而对实际操作部分要求为每年40学时,"培"的要求多于"训"的要求。

② 培训形式都是"培"没有"训"。从培训形式看,几乎所有培训机构在进行培训时主要采用课堂讲授的形式,没有涉及"训"的过程,很多特种作业培训机构不重视实际操作部分的培训,缺乏实际操作培训的场地和设备设施,甚至达不到大纲的要求。

③ 从组织上看只重视对培训班的管理。从培训的组织管理上看，安全培训机构往往只重视对培训班的管理，而忽视对培训项目的设计和管理，经常是请几个相关领域的专家，"拼凑"一些讲授内容，达到吸引学员参加"培"的目的即算完事。对安全培训中"训"的问题重视不够，致使员工的安全技能不够，安全素质存在缺陷，安全培训的质量难以进一步提高。

(2) 安全培训应该"培"与"训"并重

各个企业的班组在进行安全培训时，要根据本班组的工作性质决定其安全培训应该做到"培"与"训"分离还是"培"与"训"并重。要想抓好班组的安全生产，真正落实好国家安全生产方针，既离不开安全技术和安全管理科学规律的认识和学习，也离不开对实际生产系统事故控制和防止技能的掌握，无论对肩负管理职责的人来说还是对岗位的操作人员来说都是如此。安全科学规律的认识和学习主要靠"培"的形式予以实现，而事故控制和防止技能的掌握则主要靠"训"的方式来达到，二者缺一不可。

① 培训机构层面的措施。安全生产培训机构资质许可是国务院赋予国家应急管理部的行政许可之一，也体现了国家对安全培训的重视。各级安全生产培训机构，尤其是主要从事特种作业人员培训的三、四级安全生产培训机构，都应该重视实际操作培训的场地建设，配备实际操作培训的设备设施、实际操作培训的教师等。

② 培训组织层面的措施。"培"与"训"分离和"培"与"训"并重的教学实施过程，对安全培训项目的组织实施，对培训活动管理者均提出了更高的要求。首先，要加强安全培训项目的设计，"台上一分钟，台下十年功"，培训项目的效果更多地取决于对项目的设计是否下了功夫，培训管理者是否把需求分析做得扎实、是否能够真正了解学员的要求；其次，针对不同的安全培训内容，必须采取相应的培训方法，除了课堂教授外，角色扮演、案例分析、拓展训练、沙盘推演等这些更侧重于"训"的培训方法应该更多地运用到安全培训项目中去；再次，要强调培训项目成果的转化和跟踪。

总之，安全培训是提高人的安全素质的必要手段，是拯救人的生命的工程，是一项神圣的事业。笔者根据当前企业安全培训存在的问题，感觉安全培训应该"培"与"训"并重，其目的是抛砖引玉，引起广大安全培训管理者的注意。同时，希望企业班组在进行安全教育培训时更加注重实际操作的训练，因为班组是实际操作的阵地,应该把实际操作技能放在搞好安全生产的重要位置,这样才能确保生产的安全。

39. 员工安全培训需"学而时习之"

员工在接受了安全教育之后,学而不习、学后不察,许多企业班组大把付出的培训经费"打了水漂",班组员工所学的安全知识和安全技能难以转化为安全生产能力,安全教育培训和生产实践成了"两条道上跑的车"。

其实,产生这种问题的原因并不复杂。有的班组在进行安全培训时投入了大量的人力、物力,可以说是煞费苦心,但员工因没有实际操作演练和学后不察而不得要领,学的东西也就自然"还给老师"了。班组普遍重视创造"学"的条件,比如教育培训场所、师资、教材等,却忽视了为员工创造"习"的良好环境,许多员工怀揣着刚学的安全知识回到生产现场,很快就被繁忙的现实席卷一空,班组缺少让员工将所学安全知识"落地生根"的步骤,而这恰恰是最重要的一个环节。

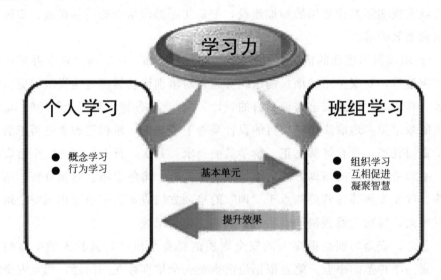

孔子曰:"学而时习之,不亦说乎。"意思是说如果能够经常温习学过的东西并运用到实际生活与工作中,是一件非常高兴的事情。古人都知道"学"和

"习"是一个流程中缺一不可的两个环节。笔者认为,为了根治班组安全培训工作的痼疾,对症下药,解决"学而时习之"的问题,补上或强化"习"这个重要环节,让班组安全培训内容真正记得牢,使员工学到的安全知识能派上用场,重点应在以下四个方面做好工作。

(1) 要深入全面地分析培训结果是否真的对员工安全绩效带来效果

必须搞明白员工安全绩效提升的本质到底体现在哪些方面,员工要实现这个安全绩效必须具备哪些素养,提升这些素养又该在哪些方面对员工的安全思想意识和行为方式进行改造。要通过采取灵活的、员工认同的安全培训方式,用员工喜闻乐见的形式和通俗易懂的语言,采用多元化、多媒体、多手段来吸引员工的眼球,把安全培训课堂搬到岗位、操作现场,进行实物安全培训,注重员工动手实践能力的培训,让员工记得牢,真正学得进去。如果安全培训不能够解决好以上问题,班组安全培训的效果一定会大打折扣。

(2) 对培训后的安全绩效进行考核评估

在员工接受安全教育培训结束后的一段时间内,要对员工接受安全培训之后的安全绩效的提升有一个完整的考核评估,进而调整安全培训计划。通过安全考核让受训者明白自己接受安全培训后安全思想意识、安全行为方式、安全技能素质有了哪些收获,这些收获对个人的安全绩效提升带来了哪些帮助,已经取得哪些进步,有哪些不足需要改进,又有哪些经验值得借鉴。只有让受训者时刻有机会感受到安全培训对个人安全工作的影响,受训者才会真正感受到安全培训的价值。

(3) 班组须提供必要的条件让员工进行实战演练

班组必须提供必要的环境和条件,让员工进行化整为零的安全实战演练。在一些细节上让员工尝试学到的办法和技能,衡量安全培训过程中所学到的各个知识点是否真正能够对安全工作带来便利,只有这样员工才能够真正地将各个安全知识点装进自己的大脑,并且产生安全思想意识和安全行为方式的改变。作为参加安全培训的员工,听课时要认真做好学习笔记,回去后要及时消化吸收授课内容。把岗位作为演练场,使员工在演练实践中将学到的东西转化为实际动手操作、解决问题的能力。

(4) 给员工创造一个交流的环境

在班组安全培训一段时间内应创造一个相互交流、彼此分享心得体会的环境和条件，并邀请安全培训咨询专家进行诊断，以纠正安全培训中不正确、不恰当的部分，让班组员工通过交流与探讨对所学安全知识进行再创造，不时地将安全培训的内容进行"回炉"，做到融会贯通，让员工将所学安全知识真正融合到自己的工作体验之中，使自己的安全技能、安全素质得以持续提升。

总之，班组要通过提供实践演练条件，培养员工"学而时习之"的习惯，将学到的安全知识存储到员工的记忆"模块"中，成为随时可以调用的海量"硬盘"，将安全知识转化为安全工作能力。每天储存一点点成功的本钱，才能一步步走向成功的彼岸。

40. 安全培训教师要掌握开启他人心扉的钥匙

(1) 以事业为重去感染人

通常情况下，安全培训教师与班组员工谈话的效果与平时的形象有直接的关系。安全培训教师若一心为公，积极进取，开拓创新，并在安全授课中取得骄人的业绩，赢得了员工的信任，那么在他征求意见和建议时，大家就愿意畅所欲言，积极献计献策。反之，如果安全培训教师一贯形象不佳，不思进取，得过且过，在大家的眼中是混日子的，那么，在他征求安全教育的意见和建议时，大家就会因为对他缺少一份信赖而心存疑虑，不愿意说心里话、真话。因此，安全培训教师首先要让谈话对象明白谈话的目的是及时发现安全教育存在的问题和不足，更好地改进和提高教学质量。因为班组每个人的潜意识里都有一种集体荣誉感，都希望把本班组的安全工作做好，所以，以安全事业为重来感染人，很容易引起班组员工的共鸣。

(2) 以自我解剖去启发人

"人贵有自知之明"，安全培训教师对自己有清醒的认识，并能一分为二地加以剖析，必然会赢得他人的尊敬。同样道理，安全培训教师在征求他人意见和建议时，首先进行自我批评，有利于营造一种平等、宽松的谈话氛围，能在交谈双方之间架起一座沟通的桥梁，谈话对象也就会畅所欲言，提出中肯的意见。如果安全培训教师一贯自我感觉良好，在谈话中不时流露出一种志得意满、对各项工作比较满意的思想情绪，别人心里就会产生疑问："既然工作都这么好了，还有必要征求意见吗？""我提意见会不会有泼冷水的嫌疑？"有了这些疑虑，谈话对象就会三缄其口，不愿说出心里话，安全培训教师就很难征求到好的意见和建议。

(3) 以纠错决心去打动人

进言者通常都有这样的疑虑："我的意见和建议提了有用吗？"如果所提的意见和建议对安全培训教师不起任何作用，进言者就会丧失信心和勇气，安全培训教师再征求意见时，他就会闭口不言。相反，安全培训教师若能闻过则喜，从善如流，能将员工的意见听入耳、听进心，落实在行动上，或在短时间内采取切实有效的措施纠正问题，努力推进安全教育工作，就会赢得班组成员的信任，安全培训教师再次征求意见时大家必然会踊跃发言。

(4) 以坦荡胸襟去宽慰人

安全培训教师应本着"言者无罪，闻者足戒，有则改之，无则加勉"的态度对待他人的批评和建议。一般而言，进言者害怕说了真话、揭了短，在安全培训教师心目中留下不好的印象，担心安全培训教师从此抓住不放，影响自己以后的进步和工作，甚至担心被打击报复。这些担心并非毫无道理，一方面，在市场经济条件下，人们更加注重搞好人际关系，帮衬说好话，表扬提优点，滔滔不绝，但谁也不愿意轻易道出别人的不足；另一方面，在现实生活和工作中，有少数安全培训教师素质不高，当面一套，背后一套，表面上虚心纳谏，背地里对进逆耳忠言者产生成见，从此另眼相看。进言者惴惴不安的心理，是安全培训教师征求意见和建议的最大障碍，能否消除这种障碍，除了取决于安全培训教师的作风外，还取决于其行动。安全培训教师一定要有宽广的胸襟，光明磊落，虚怀若谷，要以个人的人格魅力消除进言者的顾虑，使他们吃下"定心丸"，大胆发表自己对班组安全教育的意见、建议和看法。

41. 安全教育要给"落实难"对症下药

(1) 安全工作"落实难"的成因

一项安全工作得不到落实，不外乎四个方面的原因：一是领导决策不够科学，或有方向性问题，脱离实际，违背规律，下级无法执行；或计划不周密、不具体、政出多门，执行者无所适从；或任务指标过高过急、过多过滥，下级不堪重负，疲于应付。二是执行者对上级的决策、指示缺乏积极负责的态度，行动上不自觉、不主动、不负责，消极应付，推一推动一动，甚至推而不动。三是执行者缺乏必备的安全知识、安全经验和安全能力，对决策的执行心有余而力不足，致使安全工作难以落实。四是保证安全工作落实的运行机制不畅，比如责权不对等、考评不实、绩效与切身利益不挂钩等，安全工作落实的动力不足，效率低下。

(2) 安全工作落实的基本规律

① 目标价值效应。对一般安全工作而言，目标价值因素对行为动力表现出更多的决定作用。当决策错误、目标价值较小或呈负值时，落实者行为动力就趋弱，甚至出现逆反行为，安全工作必然得不到落实。目标虽有较高价值，但没有被员工认识，同样形不成动力，安全工作落实的程度就不会高。所以，开展每项安全工作都必须充分注意教育发动环节。当安全工作目标对领导机关价值高、对班组基层价值低时，就会出现上急下缓、上热下冷的现象，致使安全工作环节多，在末端落实难。目标价值效应的核心，是承认并重视利益对行为的指导作用。只有当所有员工认识到自己的利益，正确认识这种利益的实现与工作落实的关系，并且自觉地通过落实工作来实现这些利益时，才能真正形成较强的落实动力。

② 安全工作责任通常是指组织在给予个人一定利益的同时所做出的行为约定。人尽其责，是安全工作落实的重要条件。理想状态下，组织的利益投入

与个人的行为付出应是相当的。但现实中常出现"取利而失责"的现象,并因此而产生了种种"不落实"现象。为此,要使每个人都认识到,他所获取的一切物质与精神待遇都是以其尽责为前提和代价的,既任其职,就必须负其责。若利益给予个人,而责任归于集体,则名曰集体负责,实则无人负责;或利益索取量清晰明确,而尽责的程度却大有弹性,甚至无据可考,终会导致有责不负。要严格落实责任制,每个人在安全工作上应负的责任必须具体而明确,照此监督反馈其履职尽责情况,而后严格公正地实施奖惩,切实做到尽责而有其利、失责则处罚。

③ 权威制约效应。执行者履行责任,需要相应的权威来保证。权威是权力与威信的总和,表现上级对下级、组织对个人的影响力。权威是推动安全工作落实的重要因素。通常情况下,上级对下级、组织对个人的权威越高,安全工作就越容易落实。如果有令不行、有禁不止,安全工作必然难以落实。因此,责权对等是安全工作落实的必要前提之一。如果对下"加责减权",把责任推下去,把权力收上来,势必使执行者难尽其责,不利于安全工作的落实。

(3) 需要解决的问题

克服现实存在的"不落实"问题,需要从上上下下和方方面面实行综合治理。当前,在班组领导思想及工作方法上,尤其需要解决好如下问题。

① 对自觉程度的不正确假设。许多安全工作指导模式建立在人们具备高度自觉性的基础之上,其特点一般是号召多、考虑动力因素少,认为只要讲清楚"怎么办",安全工作就可以落实。当这种自觉基础受到削弱或已经丧失之后,仍然采取一般号召的指导模式,则未免显得苍白无力。

② 对态度与能力的不全面认识。要做好班组安全工作,员工的态度和能力都很重要,但比较起来,态度应该是更为关键的要素。特别是在态度与能力都不足的情况下,应以解决态度问题为主。没有积极的态度,不仅有能力发挥不出来,而且也因为缺乏学习和实践的积极性,能力难以真正提高,这正是一些班组搞了许多安全能力集训但安全工作落实效果仍然不好的原因。

③ 对超长措施的不合理取舍。在安全工作"落实难"的情况下,有的班组不得已采用大量超长措施,比如越级监控、包办代替、频频开会、滥发文

电、开展过多的检查评比等。这些措施时间一长自然就失效,而且败坏风气,造成落实"越来越难"的恶性循环。放弃这些无疑是必要的,但必须在放弃的同时采取更有效的治本措施,绝不能因此走向消极无为,那样将更为有害。

④ 对工作评价手段的不科学使用。评价对于安全工作全程具有强大的监管作用。评价工作重过程、轻效果必然导致末端落实不好,重形式、轻内容则容易引发形式主义,重一时一事、轻全程综合则易使安全工作出现突击代经常、以点带面等现象。检查走过场、评价不据实,既会使虚假现象乘隙而生,又会使员工的安全工作积极性受到挫伤。因此,科学而有力地运用监控和考评手段,是当前解决安全工作落实问题的重要途径。

42. 班组安全教育要讲到"点子"上

(1) 怎样才算讲到"点子"上

① 有内在的吸引力。作为一般员工,更多是从安全教育中熟悉安全生产、理解安全原理、接受安全教育。"未成曲调先有情",讲"好"话才能够一开始就吸引员工的注意力。而"好"话是通过语言运用来体现的。要注意语言的群众性,善于抓住员工的心理,了解员工所想所盼,尽量做到你讲的正是员工所想,切忌居高临下、颐指气使、以势压人,或装腔作势说空话。要注意语言的地方性,学会站在哪个山头唱哪首歌,使用有个性的语言、有特色的语言,即使不是本地人,也应尽量穿插一些"方言",起画龙点睛的作用,引起员工的共鸣和兴趣,活跃气氛。要注意语言的辅助性,适当地采用一些肢体语言,或恰到好处地运用一些简易的道具,以丰富表现形式,增强表达效果,吸引员工的注意力。

② 有较强的说服力。把话讲到"点子"上,要求把话讲实,既要使人口服又要使人心服,不能靠花言巧语哗众取宠,而是要给人实实在在的内容。对员工共同关心的内容要能够讲清,不拖泥带水;对员工不明真相、

朦胧而好奇的内容要讲明，不含糊其词；对员工有抵触、有反感的内容要讲透，不牵强附会。如果不分主次、不辨良莠、囫囵吞枣"一锅煮"，或是敷衍马虎、推诿应付"一口合"，或是吞吞吐吐、遮遮掩掩"一团雾"，就是对员工的愚弄，这样的安全教育半点作用都没有，纯粹是例行公事，浪费时间。

③ 有强烈的感染力。话讲到"点子"上的另一个标志是讲话的感染力，这种感染力主要是看现场氛围的营造，要胸有成竹蓄势。整篇安全教育讲话即使是即时的，也忌平淡无奇、死水一潭。语言表达不能一个调子唱到底，文体结构不能一个模式写出全篇，内容不能一个组合套到头。要独具匠心谋势。研究员工心理，探求一般规律，估计临场状况，注意"直播"发挥，从容应对局面，形成个人风格。

④ 具有鲜明的号召力。一名优秀的安全授课者，很重要的就是能将员工的心凝聚起来、将员工的力量组织起来，这些都要通过号召才能实现。而号召又是通过讲话实现的，这种讲话不是空洞的说教，而是体现现实的目标。目标要是有形的，指明要干什么、达到什么样的标准、要求怎么办等；目标应是具体的，量化而不虚化，实在而不空洞，现实而不遥远；目标应是可行的，即大家认同和接受，并经过努力可以办到。如果泛泛而谈或千人一面，员工就可能迷茫和盲目，因不得要领而无所适从。

(2) 如何将话讲到"点子"上

① 讲时要相机而动。讲到"点子"上必须从实际情况出发，灵活处置，相机而动。一要知情。漂亮的辞藻或俏皮的语言可能有一定的吸引力，但必须建立在对情况了解熟悉的基础上，讲话才有血有肉、有滋有味，不然就会离题万里、牵强附会、苍白无力。二要看人。不同的群体、不同的对象有不同的要求和不同的口味，话讲到"点子"上的安全教育者如同一名手艺高超的配菜师，尽管口味难调，也会尽量适应不同的口味而耐心调配。只有对味，才能有共同点。三要对事。必须紧密联系实际，围绕中心，突出主题，切忌漫无边际地空谈、插科打诨地闲谈。四要察势。要察言观色，看环境、明形势、识大体、知实情，适时调整自己讲话的思路，选准切入点，激发兴奋点，回避敏感点，抑扬有度，进退有序，控制主动权，不要因盲目而使自己

陷入僵局。

② 平时注意积累。能讲到"点子"上不仅仅是嘴上功夫，而且是平时积累的集中反映。因此，必须注意知识的积累、语言的积累、经验的积累。有渊博的知识和扎实的根底才能做到言之有物、言之有据、言之有理、言之有效。心虚气短、心浮气躁的人是无论如何也难讲到"点子"上的。

③ 重在形象的塑造。文如其人，讲话也是真实人格的客观反映。要说服别人先要说服自己，要求别人做到的自己首先做到，这是对安全授课者的必然要求。一个有浩然正气的安全授课者，一个以身作则的安全工作者，一个求真务实的安全引领者，本身就是一面旗帜。

总之，班组在进行安全教育时，讲安全的人必须把安全讲到"点子"上，只有讲到"点子"上，员工才能感到有品位、有意思、有学头，班组的安全教育才能不走过场，才能取得实实在在的效果。

43. 班组完善安全培训的三个着力点

(1) 要端正动机和态度，不能把安全培训当作"贴金"

有的员工参加班组安全培训不是为了增长安全知识和才干，而是为了混"资本"，抱着这样的想法去参加安全培训，既是组织培训资源的浪费，也不利于员工安全素质的提高。端正员工参加安全培训的态度和动机，一方面，要树立大培训、终身培训的理念。按照教育社会化、终身化的时代要求，要把员工安全理论教育和安全知识培训贯穿于员工成长的全过程。对员工特别是班组长而言，只有进行终身教育，不断接受各种形式的安全培训，更新安全知识，提高安全素质，才能适应日益加快的社会变化，才能不断提高安全生产能力和水平，更好地担负起全面建成小康社会、为国家增加财富的重任。另一方面，应在员工中营造竞争氛围，增强员工学习的压力和动力，从而激发其要求学习的强大动力，变"要我学"为"我要学"。

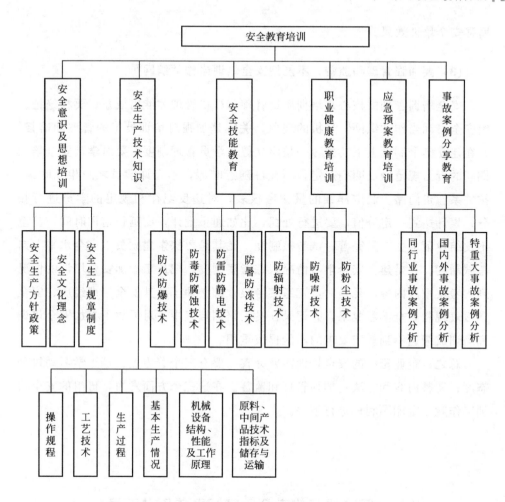

(2) 要调整内容和方法，不能把安全培训当作"休闲"

班组安全培训由于培训对象的特殊性，决定了其具有自己的特点和规律。因此，要在与国民教育紧密衔接的基础上，积极推进安全教学改革，使之成为提高员工安全素质的"主阵地"，而不是员工休闲的"娱乐园"。在安全培训内容上，要坚持学用结合，定期开展调研，了解和掌握新的形势下安全工作的新要求、员工知识结构的变化情况和员工对安全培训的需求倾向等，按照缺什么补什么的原则，不断调整、充实新的安全培训内容，增强安全培训的针对性。在安全培训的方法上，要改变过去那种满堂灌、填鸭式的教学方法，倡导和推广研究式、启发式、开放式的教育方法，把读书学习与研究问题、课堂教学与生产现场实践、传统教学方法和现代教学手段结合起来，提高教学的吸引力，增强安全培训效果。

（3）要加强管理和监督，不能把安全培训当作"织网"

安全培训管理的核心是培训质量管理，严格管理才能出效益。要杜绝把班组安全培训当作"织网"良机的现象，关键是加强对培训员工的管理和监督，并在建立健全制度上下功夫。一是建立健全学员管理制度，要对学员安全培训期间的行为规范做出明确规定，不允许随意旷课，不允许学员之间相互吃请、拉关系、走门路。制定详细的量化考核表，对违反纪律和规定的学员进行扣分，累计达到一定分值，要进行处罚，比如通报批评，或延长培训时间，甚至不发结业证书。二是完善考试考核制度。尤其是要探索建立员工安全水平上岗考试制度。三是建立安全学习情况跟踪考察制度，把员工参加安全培训的情况列入考察重点内容，凡是对员工考察考核，都必须了解其安全培训经历、安全学习表现和安全学习成果，并记录在员工培训档案中，对无故不参加安全培训和培训成绩达不到规定要求的不能提拔重用。

总之，企业班组的安全培训需要完善，要有三个着力点：端正学习动机和态度；调整内容和方法；加强管理和监督。在这三个方面发力，班组的安全培训工作就一定能顺利地进行下去。

44. 解决员工的安全思想问题依靠"三导"

（1）预测动机，超前引导

根据社会存在决定社会意识的原理，客观事物对人们思想动机的产生和发展起着决定性的作用，有什么样的客观因素，人们就会产生什么样的思想动机，从而导致相应的言行结果。研究和探索班组员工安全思想动机及其表现形式，把握其变化的规律，对于班组长来说非常重要。有的班组长在安全思想工作中常常处于被动，其中一个重要原因，就是面对复杂多变的现实，不善于从员工的实际安全需求出发，不善于对员工的安全思想动机和行为趋向做出应有的预测。"马后炮"的事后安全教育和"亡羊补牢"的应急处理，难免会造成头痛医头、脚痛医脚，忙于堵漏、疲于应付的被动局面。这并不是说出了问题不要解决，而是说尽量把安全思想工作放在前头，提高安全工作的预见性和超前性。

① 必须及时了解各种信息。一方面，要及时了解社会大环境的变化。班组长必须认真学习研究党和国家的安全工作大政方针，学习研究新的安全理论观点和国内外安全工作动态，努力做到对国内外安全经济、安全文化等方面的变化发展有大致全面的了解和比较清醒的认识，特别是对一些与本企业利益、员工利益直接关联的安全生产的政策措施以及可能产生的影响更要有比较准确的估计。另一方面，要及时了解本班组"小气候"的变化。上级的安全工作指示精神和本班组的安全决策，是形成班组"小气候"的依据。班组长必须深入学习领会上级的有关安全工作的文件，准确把握班组各项安全工作决策的依据和目的，全面熟悉本班组的安全工作任务。要深入岗位，深入员工内心，深入生产实际，对员工的工作、学习、生活等情况有比较深切的体察，对影响他们安全思想情绪、劳动热情、安全工作态度等的各种因素有比较全面的了解。

② 必须灵活运用预测方法。对员工安全思想动机的预测，可以采用以下三种方法：一是因果预测法；二是周期预测法；三是类型预测法。预测安全思想的量变程度、质变程度等。

③ 必须尽早进行安全思想教育。在掌握信息、预测动机的基础上，要对相关内容做一番由此及彼、由表及里、去粗取精、去伪存真的加工，从中辨认出真实动机，及时把握员工安全思想变化的蛛丝马迹以及前因后果，进而针对有普遍意义的问题做出正确判断，有预见性地、主动地进行安全思想教育，使员工在可能发生的重大变化上有思想准备、遇乱不慌，从而有效防止安全思想混乱和不良行为的发生。

(2) 善讲道理，及时开导

善讲道理，要从五个方面着手。一是把道理讲透。二是把道理讲细。三是把道理讲新。讲传统道理不能几十年一贯制，要赋予其新的时代内容，把过去尚未完善的补充完善，把过去讲片面的讲全面，把在实践中经证明是正确的东西及时填充进去，增加新的内涵。把老道理讲出新内容，员工就会觉得更真实、更具体、更生动，就会更愿听、更想听、更爱听。四是把道理讲实。要把学习宣传安全科学理论同国家改革开放、经济发展、人民生活变化的具体实际结合起来，使所讲道理具体化、现实化，增强安全理论对安全工作的解释力和引导力，尤其是对员工普遍关注而又容易引发思想分歧的重大现实问题，必须做出实事求是的、科学合理的、令人信服的回答。五是把道理讲活。运用活生生的典型事例来讲道理，最容易把道理讲活，也最具示范性、启发性和感染力。只要采取灵活多样的方式方法，就能将各种安全工作道理讲得入情、入理、入耳、入脑、入心，形成有利于班组安全工作的强大安全思想合力。

(3) 沟通情感，经常疏导

班组长和员工之间不仅是简单的上下级关系，更是亲密的同志、朋友关系，存在着感情上的互相交流、互相沟通和互相影响。实践证明，在疏导员工的过程中，班组长与员工情感相通，双方的安全思想交流就能畅通无阻，安全思想工作就会入耳、入脑、水到渠成。

首先要尊重人格。现实生活中，员工最不喜欢那些"官职不大，架子不小；本事不大，脾气不小"的班组长，他们对那些喜欢强制命令、指手画脚、冷酷无情的班组长要么敬而远之，要么消极对抗。班组长只有尊重员工，把自己与员工摆在同等地位，开展平等交谈，才能达到动之以情、晓之以理的效果，使员工积极配合、乐于接受。如果班组长不尊重员工，甚至伤害员工的自尊心，不仅不能收到良好的沟通情况、促进工作的效果，而且会使员工产生对立情绪，从而阻碍安全工作的开展。

其次要坦诚相待。真诚、坦率、正直、宽厚是连接情感的黏合剂。班组领导要以真诚的心意、坦率的态度、正直的言行、宽厚的胸怀去对待员工，把他们当成自己的兄弟、朋友，敞开心扉，实话实说，旗帜鲜明地阐述科学观点，实事求是地说明客观情况，满腔热情地疏导疑虑困惑，妥善合理地解决实际安全问题。这样才能达到"春风化雨""手到病除"的效果。

再次要施以爱心。员工的安全思想疙瘩，多数是在遇到困难或挫折时产生的。每个人在自己遇到困难和挫折的时候，都希望得到周围同志特别是班组领导的关怀和帮助，班组领导要把关心员工冷暖列入工作内容，引导员工成长进步，帮助员工解决困难，真心实意为员工谋利益，多办实事，多办好事。

实践证明,说一千,道一万,不如办成事一件。只有让员工切身感受到班组的温暖,才能挖掘出广大员工身上潜藏的巨大精神力量,并使之投入到安全工作中去。

45. 构建班组安全培训工作大格局

(1) 安全培训工作项目化

用项目的形式来运作企业员工安全培训工作,是员工安全培训社会化的首要要求。员工安全培训社会化,首先要求组织者对整个安全培训工作有一种项目意识,即将安全培训工作置于社会大市场背景当中,既充分考虑安全培训对象的实际需求,又有效整合社会培训资源,保证员工安全培训的各方面得到最大限度的优化。其次要将具体的安全培训班次按照项目形式进行设计与包装,根据安全培训目标,对培训的时间、对象、经费、课目等进行成本核算与培训效益估量,并形成具体而规范的培训方案。再次要形成系统的项目链,从整个安全培训方案的策划、培训班次的确定到培训课目责任人的落实都应该项目化。要建立优师、优教、优酬的教学机制,通过公平、公开的竞争来确定项目的责任人。这样,以大项目统揽小项目,以小项目支撑大项目,使整个员工安全培训工作在一个有机的项目链中运行,以项目的形式来提升员工安全培训工作的质量。

(2) 安全培训承办竞争化

从目前的我国的实际体制出发,企业作为员工安全培训的主要阵地还是明确的,但不能因为有了企业就排斥其他培训机构,应对安全培训承办单位进行好中选优。与员工安全培训项目相适应,一定要突破现有的培训单位唯一性的局面,形成促使社会安全培训机构在同一个平台上竞争的机制。要让社会上一定的安全培训项目通过公开、公平竞争来确定承办单位。企业的主管部门可以在年度主体班次中，选择一定量的班次，通过社会公开竞争的形式来确定承办单位。

(3) 安全培训内容多样化

安全培训内容的单一和空泛是当前企业员工安全培训中的普遍性问题。员工安全培训要走向市场，就必须要求对员工安全培训的内容做出符合培训对象需求的调整。除了安全理论、一般安全知识等必修课之外，还要注意走融多样性、实用性和可选择性为一体的路子。多样性，就是在突出安全理论、安全知识等重要性的基础上，在安全培训计划中安排多方面的安全专业知识，可以有最新的前沿安全科学知识，还可以有人文历史等基础性的管理知识。通过掌握丰富多样的综合性知识，以知识更新促进观念更新，进而促进企业员工安全生产能力的不断提高。实用性，就是坚持"缺什么补什么"的原则，根据安全培训对象的实际需求设置培训课程。比如，班组员工由于有相对稳定的工作分工，在一段时间内，他们对相互间的基本业务不了解、不知情，形成了较明显的个体业务知识结构差别，客观上影响了他们相互间的理解与协调配合。

(4) 安全培训形式实践化

企业员工安全培训不同于一般的成人学习，其最大的特点就是以提高员工的安全综合能力，尤其是以增强员工的安全生产能力为主要目标。显然，围绕这样的安全培训目标，就不能从书本到书本、从理论到理论，而要尽量让安全培训活动实践化，让实践成为员工安全培训的主题。比如，企业采取跨车间、跨班组"交流互动式"的联合安全培训方式，让两个车间班组的学员同在一个教室、同住一个房间，并且分别在两车间组织培训与实地考察。这样，员工在整个安全培训中既有侧重地学习安全理论知识，又能充分地相互沟通交流；既能扩大视野、借鉴经验，又能相互切磋、开阔思路，为以后进一步联系协作奠定了基础。此外，还可以开辟"现场课堂"，组织员工到一个工作现场，白天工作、晚上学习，在工作中消化知识、检验理论，在学习中讨论案例、解决问题，使学习与工作相得益彰。

46. 安全教育须做好重点人的转化工作

(1) 高度重视是做好重点人工作的前提

做好重点人的工作，必须先从思想认识上高度重视。随着形势的发展变化，班组安全工作出现了许多新情况，比如，因个人进步等因素引发的重点人在逐渐减少，因家庭因素引发的重点人在逐渐增多。实践证明，重点人在班组中虽然人数不多，但发生问题的概率却很大，是安全生产的重大隐患。因此，预防事故的发生必须抓住重点人这个关键环节，下功夫对重点人做好转化工作，及时消除隐患，确保班组安全生产。

(2) 及时发现是做好重点人工作的基础

如果掌握住重点人的一般特点，那么也就不难识别和发现重点人了。重点人的特点主要体现在"三性"上：一是性格具有特殊性。有的孤僻内向，有的固执暴躁，有的心胸狭窄，有的古怪异常。二是思想具有隐蔽性。重点人不可能有明显的标记，其思想一般情况下是不愿意被别人知道的，尤其是违章违纪企图。班组长和班组安全员如果不留心观察、深入分析，就难以及时发现和掌握。三是表现具有不确定性。重点人不是一成不变的，必须用发展变化的眼光去看待。

(3) 注意转化是做好重点人工作的关键

做好重点人转化工作，一是要严格落实安全责任制。近年来，从上到下制定了许多制度规定，对班组在预防事故中的职责进行了明确的规定。要严格落实安全责任制，层层做工作、抓转化，坚持做到重点人在哪里责任制就跟在哪里，转化工作需要怎么做责任制就怎么落实，以确保对重点人全时全程的帮助和管控。要建立奖优罚劣、赏罚分明的机制，坚持把做好重点人工作作为考核班组长的重要内容，作为检查班组工作的重要尺度，以增强班组做好重点人工作的自觉性。二是要搞好教育转化工作。要针对当前少数员工思想颓废、不思进取的问题,深入抓好思想教育,进一步坚定广大员工的理想信念;要针对少数员工功利思想严重、心理素质脆弱等问题,切实帮助他们妥善处理前途进步以及人际关系等问题,引导他们懂得"怎样做人,为谁工作"的问题。做好重点人工作要遵循"同化规律",注意营造健康向上的环境,使他们在环境的熏陶中净化思想,改掉陋习。

总之,要做好班组重点人的工作,一要高度重视,二要及时发现,三要注意转化。只要这三点做到位了,班组重点人的转化工作就大有希望。

第三章
班组安全工作谈话谈心教育

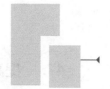

本章导读

本章是班组安全教育的另一种形式——安全工作谈话谈心教育方法。本章介绍了15个方法。其中,有赞美员工的谈话谈心教育,有员工之间的情感交流谈心教育,也有谈话谈心的尺度和技巧等方面的内容教育,还有班组领导批评员工的谈话谈心艺术等。

班组安全工作谈话谈心教育,说到底是一种安全思想教育。因为思想是行动的先导,有什么样的思想,就有什么样的行动。安全工作谈话谈心教育,是为了班组安全工作的顺利进行,为了班组的安全生产,把班组全员团结在一起,使大家心往一处想,劲往一处使,把安全工作当作是自己的事情一样来办,进而形成一种安全习惯,上升到安全文化的层次。

班组通过多层次、多角度、多形式、多内容的安全工作谈话谈心教育,使班组员工真正明白一个道理,那就是安全工作是班组工作的生命线,安全工作是班组工作的基础,只有安全工作做好了,班组才能取得生产和其他工作的胜利。

兼职安全员制度

建立制度
所有单位均需建立兼职安全员制度

专项培训
所有兼职安全员需经过专项培训并授权上岗(佩戴黄袖章、安全帽,粘贴培训合格标签)

明确职责和权力
①协助主持班前会
②班组日常安全巡检,发现隐患及时处理
③新工人作业时指导
④发现违章及时制止
⑤组织班组各种安全活动,提出改进意见
⑥配合专职安全员工作,规范填写《兼职安全员记录》

授权上岗
当日由班长对其进行授权

47. 提高班组安全教育说服效果的"四个结合"

(1) 诉诸理性和诉诸感情相结合

在安全教育的说服过程中,以什么样的方式打动对方非常重要。笔者认为,打动对方可以采用两种方式,诉诸两种力量:一种是通过摆事实、讲道理的方式,运用理性或逻辑的力量来说服对方;另一种是通过营造某种气氛或使用感情色彩强烈的言辞,运用感情的力量来感染对方。现实中每个职工的性格、经历、文化水平不同,其行动受理性和感情支配的程度有明显的差异,有些人易于接受道理的说服,而另一些人则更容易受情绪或气氛的感染,因此,这两种方法的有效性因人、因事、因时而异,但若把这两种方法结合起来综合使用,则能够取得更好的效果。古人云:"感人心者,莫先乎情。""情动于中而形于外。"一般来说,在安全教育说服前应提前创设一种有利的情境,说服开始后先采取诉诸感情的方法,努力引导对方进入预设情境,打动对方,消除其抵触情绪后,再采用诉诸理性的方法进行引导,做到动之以情、晓之以理、寓情于理、情理交融,综合运用理性和感情两种力量达到促使对方态度和行为改变的目的。

(2) 激励说服和警示说服相结合

安全教育的激励说服是指用表扬、鼓励、肯定等方法,通过强化内在动机引导说服对象改变态度和行为。这种方法往往不能引起说服对象足够的重视和注意,一般只能收到暂时的表层效果,难以从根本上使说服对象有所改变。研究表明,有一定威胁强度的说服往往更加有效。因此,在实际安全教育的说服工作中需要经常使用带有警示性的说服方式,通过"敲警钟"的方法唤起说服对象的危机意识和紧张心理,促使他们的态度和行为迅速向预定方向变化。警示说服通过对事物利害关系的强调,能最大限度地唤起说服对象的注意,并造成紧迫感,促使他们采取相应行动,这样做往往能够收到较为明显的效果。但由于这种方法是通过刺激说服对象的恐惧心理来追求特定效果的,往往会给对方带来一些心理不适，导致对方产生自发的防卫性反应。因此，在实际工作中需要将其与激励说服有机结合起来，一方面要通过正面引导和激励强化内在动力，另一方面要通过警示引导和督促施加外在压力。这两种力量相结合能形成更强大的说服力，有利于促进说服对象的态度和行为发生改变。

（3）明示观点和暗示观点相结合

明示观点，顾名思义就是说服者鲜明地提出自己的安全生产观点和要求。这种方法便于说服对象理解说服者的立场、意图和观点，但由于方法过于直接而容易引起说服对象的反感。暗示观点就是不做明确结论，而将自己的安全生产观点寓于谈话之中，让对方慢慢地去品味和思考。暗示观点能够产生"余音绕梁，三日而不绝"的效果，起到"润物细无声"的作用。那么，说服的结论究竟应该明白地表现出来，还是有所保留，让说服对象自己体会出来呢？这就需要根据不同的场合、不同的对象来灵活运用。一般而言，当安全生产情况比较复杂或者时间比较紧急时，明示观点比暗示观点效果要好，容易迅速被说服对象理解；同时，对文化水平和理解能力较低的说服对象也应该采用明示观点和方法。让说服对象自己得出答案的方法，则适用于安全生产议题简单、明确或文化水平较高、有充分理解能力的职工。

（4）单面说理和双面说理相结合

单面说理是指只向说服对象讲正面的、于安全工作有利的观点和论据，对反面的则闭口不谈。单面说理可以把安全生产观点讲得更充分，避免反面观点的负面影响，但容易给人一种居高临下、咄咄逼人的感觉，使说服对象怀疑说服者的动机和信息的可信度，从而可能产生心理抵触。双面说理就是在说服的过程中不断地进行角色变换和换位思考，在讲优点时不回避缺点，讲正面因素时也谈负面因素，讲有利于己的观点时也讲不利于己的观点，这样做可以使说服对象感到客观、全面、公正，有利于缩小说服者与说服对象之间的感情距离，产生"共振效果"。

总之，企业的安全教育实质上是一种说服工作。在说服工作中要坚持诉诸理性和诉诸感情相结合、激励说服和警示说服相结合、明示观点和暗示观点相结合、单面说理和双面说理相结合，使安全教育说服多法并举，这样既可以提高安全教育说服效果，又能使企业的安全思想、安全方法深入人心，使企业的安全教育发挥出见实效、保安全的实际效果。

48. 称赞下属是一种教育方法

班组长要能够有效地带领下属实现安全生产目标,就必须重视激发、调动下属的安全工作积极性。可以说,如何激发、调动下属的安全工作积极性是一门非常复杂的学问,需要高超的手段和恰当的方法。其中班组长尤其要把握称赞下属的艺术,这对于调动下属的安全工作积极性具有重要意义。

(1) 增强称赞的针对性

所谓增强称赞的针对性,就是前面所讲的"要加深对下属的了解",换句话来说,要求班组长注意研究下属,充分考虑下属的安全需要。同时,人的需要是有层次的,人在一定时期内有多种需要,而人的行动是由优势需要支配的。这就告诉我们,班组长在安全工作中选择称赞内容时,要关注每位下属各不相同的需要。

(2) 提高称赞的灵活性

语言表达是一门奥妙无穷的艺术,用什么样的方式称赞下属,对班组长来说非常重要。针对不同对象、不同场合,要求班组长灵活地选择相应的称赞方式,才能收到良好效果。有时班组长在安全生产工作中突然发现下属的过人之处、闪光之点,只要用恰到好处的几句话直抒胸臆,表达自己由衷的称赞,就会使下属备受鼓舞。有时班组长用委婉的方式表达对下属的赞美,可能效果更佳。班组长还可以引用他人的话(尤其是权威人士的观点)来表达对下属的赞赏,当然也可以通过夸奖某项安全工作干得漂亮、某些安全工作任务完成得顺利等来间接赞扬下属。

(3) 选择称赞的时机

① 在集会时称赞。在有众多员工的公开场合受表扬,人总会感到很自豪,

这是很自然的，因为自己的价值得到领导的认可，从而使"自我实现需要"得到极大满足。班组长在本班组举行的全体员工会议上，适时称赞下属，表扬下属的安全工作事业心和安全工作业绩，这不仅会在本班组树立良好的安全生产导向，而且对受表扬的下属也具有极大的鼓舞作用，会强化下属的安全工作进取心，使下属的安全工作积极性具有稳定、持久的力量。

② 在成功时称赞。人在成功之时，心情就格外舒畅。这时，班组长的适时称赞就如锦上添花，其作用不可小视。每个人在平时的安全工作中，如果成功地完成了某件事，心里就有一种期望得到别人认可的动机，班组长若在这关键时刻对此肯定并加以称赞，下属的欣喜之情可想而知。但要特别注意的是，下属的"成功"不一定非要完成一件"惊天动地"的大事不可。

③ 在失意时称赞。人在失意的时候，心情很难受，此时特别需要得到别人的安慰、鼓励。班组长如果能在下属碰到失败、处于失意的时候"雪中送炭"，设身处地站在下属的立场去感受他们的痛苦，体会他们的心情，安慰他们，尤其是用他们以前的成功来鼓励他们，重塑他们的信心，将会收到意想不到的效果。

49. 与下属交流感情有利于班组安全生产

班组长经常与下属谈谈心，进行感情交流，对于搞好班组安全生产工作是绝对必要的，甚至可以说是安全工作领导艺术的内容之一。

（1）把感情交流列入自己的工作日程

班组长不妨把与下属进行感情交流活动当成一项正常工作，可视自己的工作特点和规律，统筹安排时间，列入自己的工作日程，每天挤出一定的时间与下属进行交流，这样就可以得到时间保证。有一位班组长就是这样，他针对本班组青年人的特点，把与下属交谈列成计划，几乎每天都要找一个人谈心，征求安全工作意见，谈个人生活、家庭问题等。新来的大学生、转业军人都感到班组长很有人情味，彼此关系很融洽，有话愿意对他说，大家工作起来很投入，班组的各项工作充满了活力。

(2) 与其他工作相结合进行感情交流

比如利用班组安全工作会前会后时间，或利用向下属交代安全生产任务之后，挤出一点时间谈一谈，有时间就长谈，时间紧就短谈，同样可以收到良好效果。有一位班组长每天要安排两个小时到班组工作岗位，顺便利用休息时间与班组成员交流看法，了解其个人生活情况，因而能与全班组成员打成一片，深受职工欢迎。

(3) 利用工余时间进行感情交流

一般来说，工余时间是上下级之间进行交流的好机会。班组长应处理好个人生活与交流的矛盾，牺牲一点与家人团聚的时间，到下属中去。比如到食堂与大家一起就餐，利用吃饭时间与下属交谈；到下属宿舍里，和大家坐一坐、谈一谈。这样做更能体现班组长的人情味，使上下级关系变得和谐融洽。

50. 与失意的下属安全谈心要多点切入

在班组安全工作中，某些班组成员难免有失意的时候，班组领导找失意的下属进行安全谈心，主要目的是通过相互沟通帮助其分析原因，并指出不足，指明努力方向，鼓舞士气，促其奋起。与失意的下属安全谈心是班组领导的一项基本功，要因人、因事、因时、因地而异，选准角度，多点切入。

(1) 低姿态进入去突破

在安全工作中失意者的心态往往比较复杂，反应敏感，情绪很难把握。因此，必须从一开始就营造和谐的氛围，以低姿态进入谈话主题。一忌居高临下，以势压人；二忌滥施同情，悲天悯人；三忌敷衍塞责，马虎应付。班组领导要以慎重的态度、负责的精神、宽广的胸怀对待失意的下属，给下属以高度的信任感、亲近感。尽管安全谈心双方有时处于胶着状态，但是班组领导绝不能流露出丝毫的不快和厌烦。要允许对方把话讲完，要学会倾听，即使是自己不愿听的话。

（2）换个角度去沟通

与失意的下属安全谈心，要在对失意者的个性有了解，对失意的原因有分析，对失意者的心理动态有正确把握，对安全谈心过程可能出现的情况有准备的情况下，从安全谈心对象容易接受的角度从容开谈。一是尽量避免直接进入敏感话题；二是谈失意者感兴趣的话题。失意者对自己感兴趣的话题自然谈兴会浓，有兴趣就有可能产生共鸣，产生共鸣就容易沟通，距离就会越拉越近，一旦撩起谈兴，百无禁忌，抽丝剥茧，涉及实质性的安全问题也就自然而然了，问题一经暴露，心扉一旦敞开，安全谈心就能有的放矢，对症下药了。

（3）用激将法去刺激

失意者有时候会错误地总结教训，自卑而缺乏自信，容易随波逐流，思想上极易麻木。心病还需心药医，这个时候，需要注入"兴奋剂"，帮助其摆脱失败的阴影，使其从逆境中奋起。一是可以用逆境中奋起的事例激励；二是展示光明前景激励；三是用事在人为的道理激励。今天失意了，注意总结经验，引以为戒，明天就可能不再犯同样的错误。班组领导安全谈心时一定要使下属充分认识自己的价值，激发其奋进的欲望。哀莫大于心死，如果安全谈话后还拨不去笼罩在失意者头上的阴云，那么他下一次的失意也许不会很远。

51. 做好安全谈心的六个尺度

"安全谈心"是不可少的一项工作，它借助语言和感情的交流，通过安全思想碰撞达到安全工作的目的。其过程是无形无规则的，但却实实在在影响着职工的安全思想和行为，效果是明显的。通过"安全谈心"可以增进班组长和职工之间的相互理解、支持和配合，建立友谊。在具体过程中要把握好以下六个方面的要求。

一是"扣心弦"。即把握职工的安全心态，将安全思想工作做到实处，触动职工心弦。心弦是指一个人在社会环境中，因受外界影响而产生共鸣的一种心理状态。要使安全思想工作有针对性，就必须要掌握职工的安全心态，把握住共性和个性，既要研究职工的群体安全心态，又要掌握好职工的个性特征。俗话说："一把钥匙开一把锁。"这对安全工作来说确实是至理名言。与职工安全谈心要讲真话、实话。

二是"用诚心"。安全思想工作要做到位，在具体的安全工作中以诚相待、坦诚交流、以理服人是十分重要的。在处理安全问题过程中，要语气温和亲近、行为诚恳真挚，切忌用伤害职工感情，伤害自尊甚至侮辱人格的方式开展工作。对职工存在的安全问题，要在摆事实的基础上，晓之以理、动之以情，在安全问题细节上进行合情合理的剖析引导，要循循善诱，不断启发职工的安全思想，使其豁然开朗、心悦诚服。

三是"有耐心"。某些职工在工作或学习中一遇到难题和不顺心的事，总想找信赖的人，特别是想找其心目中尊敬的师傅或班组长一吐为快，哪怕是师傅或班组长静静地听完诉说，职工也会觉得心情舒畅许多。如果班组长对情况不明，又不听职工诉说，就先入为主、自以为是、说三道四，甚至捕风捉影、横加训斥，那将会对职工有百害而无一利。所以为了解决某个棘手安全问题与职工谈心时，一定要有耐心，即使"安全谈心"不顺利，产生了一些误会，甚至碰到"钉子"，也不要灰心，或听之任之、撒手不问，更不能计较和抱怨职工。任何事物都有转变过程，职工的认识也是如此。

四是"将心比心"。班组长与职工安全谈心一定不能摆领导架子，切忌高高在上，亦不可厚此薄彼，而要一视同仁。在处理安全问题的过程中要经常与职工进行换位思考，设身处地为职工着想，这样往往会发现站的角度不同，了解的情况就不同；认识安全问题、处理安全问题的出发点和方法不同，就会得出截然不同的结论。因此，只有平等地对待职工，同职工交心结友、将心比心、真心交流，才能真正了解职工的内心世界，从而及时准确地教育和引导他们，收到良好的安全教育效果。

五是"选时机"。对一些性格倔强或理解问题比较偏激的职工，与其安全谈心往往是在"火头"上时谈不成，对此不必操之过急，而是要采取"冷处理"的办法，等待时机成熟时再谈。如果班组不方便，也可选择家访的方式谈，场所变了、气氛变了，有利于推心置腹地交流感情，因势利导，解决问题。

六是"以德感人"。为人师者,特别是班组长,平时一定要高风亮节、为人师表,爱护和关心职工,以自己的言行和高尚品德去感化职工,逐步在职工的心目中树立起自己的威信,赢得职工的信赖和尊重。这样与职工安全谈心时,职工才能听得进去。如果平时班组长形象不正,安全谈心时还使用高压手段,就会增加职工的逆反心理,不仅使安全谈心一无所获,还会适得其反。

总之,只要运用好"安全谈心",把握好尺度,真正为职工着想,从职工的实际情况出发,与职工进行心灵沟通、情感交流,就必将取得好的效果。

52. 与下属安全工作谈话"忌语"录

班组长与下属进行安全谈话,不但要遵循一定的程序,选好交流的时机和场所,而且必须讲究方法和技巧,尤其要特别注意可能随意说出口的一些"忌语"。

a. 套话连篇。如"这段时间我一直很忙,今天有空想和你扯几句""你在安全上的成绩是主要的,但也存在一些问题和不足""由于我水平有限,再加上掌握的情况不是很全面,以上讲的都不一定正确,对的请你接受,错的请你批评"等。像这类不必要的套话、空话,只能给下属一种假谦虚和缺乏自信之感,亦叫人无所适从。

b. 自我吹嘘。如"我在你这年龄早就……""记得我当时在那里负责时还只有××岁""我们当时的工作条件要比你们现在艰苦得多""你不要再说了,说得再多、再难,反正你干的事我都干过"等。这种或明或暗、转弯抹角地自我吹嘘,处处炫耀自己的态度,很容易引起下属的反感。

c. 言过其实。如"你是我最佩服的""你是在安全工作中最全面的难得的人才"等。这种人为拔高,夸大其词地赞扬、评价下属的做法,是对下属极不负责任的表现。有时甚至会使人觉得是一种讽刺,或者会使安全谈话对象洋洋得意起来,只能听好话而听不进不同意见,其负面作用是不言而喻的。

d. 主观武断。如"我们的分析绝对没错,当然也只可能是这些""××

×对你在安全工作中的评价是完全对的""你别再解释了,绝对是你的错""你所做的、所讲的百分之百只能由你自己负责""你还有什么可说的呢?"等。如果班组长在安全生产工作中老是这样自以为是,不能倾听下属的意见,极易引起下属的不满,甚至使其感到委屈,进而发生顶撞,其场面常常令人尴尬。

e. 人身攻击。如"我问你,你长没长脑袋?要长也是个猪脑袋""你真的不配当这个角色""少逞能吧,瞧你那模样""这些你还能怪谁呢?"等。这类语气很重的话,肯定会刺激、伤害下属的心灵,使其人格受到极大的侮辱,严重可能导致丧失自尊和自信,索性来个"破罐子破摔"。其结果只能是使下属"反其道而行之",对班组安全工作极为不利。

f. 居高临下。如"你不该那么做""你不听也得听""是听你的还听我的""我希望你接受这一点""你没意见也好、有意见也罢,反正就这么定了""是你领导我还是我领导你"等。与其说是安全谈话,不如说是念一纸命令,给人一种受训的感觉。如果下属总感到自己在受训,就会自然地产生很严重的压抑感,安全谈话是很难顺利进行的,结果只能是事倍功半。

g. 虚张声势。如"你若再这样的话,我就……""这是车间要求和有关政策规定,你非得这样不可,否则后果自负""反正我对你说了,你看着办吧"等。这种虚张声势的腔调,不仅会让下属丧失对班组长本人的信任,而且听者不知所求、无所遵循,安全谈话的最终目的就无法达到。

53. 说服下属安全执行工作任务的艺术

(1) 面对固执拒绝者,用曲径通幽法说服其变拒绝为接受

要说服下属,就必须避免认识上的正面冲突,换一种方式,走一段弯路,用"曲径"去"通幽",主要可用先扬后抑的方法。要否定下属的方案,则先从其方案的合理部分切入,对其大加肯定和褒扬,肯定其方案在某些方面的合理性,然后随着说服工作的深入,再慢慢地、一点点地指出其方案中不恰当、不正确之处,说得他心服口服。"曲径"是启发下属的"思路导体",可以开阔

下属的视野,而"通幽"则可启发下属的心智。

(2) 面对没有干劲者,用渲染竞争法说服其变没劲为有劲

要形成竞争态势,让下属在激烈的竞争中找出路、出成绩、得实惠。美国有家著名的暖气机厂,曾一度低迷不振,员工们很是没有干劲,不是旷工,就是迟到早退,产品质量低劣,使得效益上不去。班组长们想尽办法激发员工的士气,但始终不见成效。这天,总经理亲自出面做工作。他在日班工人要下班的时候,在工厂门口问一个员工:"你们这一班今天制造了几部暖气机?"员工回答:"6部。"他就在地板上用粉笔写了一个大大的"6"就走了。到夜班员工进来时,看到那个"6",就问什么意思。"总经理刚才来了,"那位日班员工说,"他问我们制造了几部暖气机,我们说6部,他就把6写在地板上。"第二天早上,只见夜班员工已把"6"换成了大大的"7"。日班员工早上来上班时,当然看到了那个"7"。原来夜班员工要显示自己比日班员工强。他们要对夜班员工还以颜色,于是大家争分夺秒加紧工作,那晚下班后,他们留下了一个颇具威胁性的"10"……

从此,这个企业就火起来了。总经理仅用一支粉笔,就重振了员工的士气,究其原因,就在于其以巧攻心,为两班人员的竞争意识创造氛围,使他们相互角逐,从而使企业"渔翁得利"。这一事例告诉班组长们,在安全工作当中,面对没有干劲的下属,应用渲染竞争的办法去激发他们的工作潜能。

(3) 面对提无理要求者,用事实比照法说服其变无理为知理

聪明的班组长在安全工作中并不怕无理者,他往往不直接去"打击"不讲理的下属,而是指出其安全问题切肤之痛,站在为他着想的角度,表现出对他的关心和爱护,并让他看到真正的事实。只要有了事实,就能把理说清。因为事实是最具雄辩力的,所有的无理都会被事实击倒。

(4) 面对油滑虚伪者,用内心震荡法说服其变油滑为实在

在实际班组安全工作中,下属中不乏表面一套、背后一套的滑头分子。这种人注重的是耍手腕,为人虚伪不可信,虽然可能热情有余,但诚信不足。油滑虚伪的下属既对班组安全工作不利,也对其自身的成长不利。作为班组长,应该深入他的心灵深处,去与他交流、谈心,与他共同探讨企业安全生产的重要意义,与他共同探讨做人的基本原则,处世的健康准则,让他明白这样一个道理:老实是福,实在的人永远是受人尊重的,虚伪终有一天会大白于天下,那时就难有立足之地,成为过街的老鼠了。要把话说到他的心坎上,使其迷途知返,还原其固有的真诚、实在。这样,班组成员才会有一个洁净的工作和生活空间。

总之,班组安全工作中,班组长说服下属执行安全工作任务会遇到各种各样的情况:有固执拒绝者;有干劲不足者;有提无理要求者;有油滑虚伪者等。班组长要有针对性地运用"曲径通幽法""渲染竞争法""事实比照法""内心震荡法",一定会收到良好的效果。

54. 安全教育谈话的三字策略

(1) 胸有成竹,着眼"明"

充分的准备是班组安全工作谈话成功的前提。这个阶段也是在谈,是静态的谈,只有胸有成竹,才能在言语上真正谈到点子上。第一,明确谈话对象,就是要了解谈话对象的思想状况、性格特征、文化修养以及他与社会、家庭、亲友等方面的联系。第二,明确谈话内容,即明确谈话要解决的问题是什么,它的前因后果、根本症结何在。此外,还需要理清谈话所需要的思想理论和翔实的资料,以便进行安全工作谈话时能旁征博引,用丰富的思想、深刻的哲理来引导和说服对方。第三,明确谈话原则。也就是说,谈话时不能放弃原则,姑息迁就,谈话应该解决的问题一定要点到,而不能顺着谈话对象的偏颇思想,用同情代替说理,用投其所好取得一定的信任。相对于前两条内容的"实"来说,谈话原则是较"虚"的,更需要以合理的言语表达来实现。

(2) 赤诚相见,体现"心"

谈话的一个基础是以心换心。一个态度冷若冰霜的班组领导与下属进行安全工作谈话,不管他有多么高深的理论和高明的方法,也很难打动对方,所以

"心"字策略非常重要。

一要拥有爱心。班组领导对下属的态度如何,不仅是一个人的态度问题,而且代表着一个班组,同时还直接影响着班组的干群关系。班组领导若对下属没有真诚和无私的爱,使下属对自己敬而言之,也就没有了安全工作谈话的感情基础。即使勉强坐在一起,也是隔靴搔痒,解决不了问题。所以班组领导要用真情换真言。

二要体现关心。有的班组领导和下属安全工作谈话老是深入不下去,他们不从自己身上找原因,而是一味埋怨下属不愿暴露思想,对领导对组织藏短隐拙,这是片面的。其实,对于多数人来说,遇到困难总是希望得到组织和领导的关心和帮助。假如班组领导在下属的困难面前无动于衷或不闻不问,等到其产生了不良的安全思想情绪才去谈话做工作,甚至只用大道理教育他们要正确对待,下属就会认为组织和领导不近人情,也就不会吐露自己的心声。所以,安全工作谈话要从关心下属开始,设身处地为他们着想,多谈谈他们在安全工作中成长进步的具体安全问题。

三要保持耐心。在安全工作谈话中,班组领导既是问题的提出者,也是意见的吸收者。因此,要做到耐心倾听对方的意见,以便最大限度地了解实情。在与下属谈话时,班组领导不要中途下结论、发评论,不管对方讲的是对是错,都要让他把话讲完。班组领导要少插话,以防影响对方的思路和谈话的积极性。耐心可以借助体态语言表达。下属讲话时,为了表示自己的诚意,班组领导应当用亲切自然的目光看着下级,而不是让目光像闪电般地在对方脸上扫来扫去,以免给对方造成压力。

(3) 灵活机动,立足"变"

从管理学的角度看,规章制度等硬性的东西是管理阶层从表层上约束单位的人、事、物的方法,而只有运用"谈话"等软性的管理方法,才有可能最直接地触及每个具体的人或事。也就是说,谈话是班组领导者与下属的密切接触,实现对不同个体深层安全思想意识管理的手段,应该抓住不同下属的不同特点对症下药,以便达到安全工作谈话的目的。所以,必须注重安全工作谈话的针对性,使每一次安全工作谈话都成为最佳选择。

一要因人而变。一个班组少则几个人,多则几十人,诸多方面的差异使他们在安全思想认识和行为方式上大相径庭。这种安全思想行为上的差异,决定了安全工作谈话方式方法的多样性。有些班组领导者总觉得班组人员受安全教育的程度相差无几，认识水平不相上下，安全工作谈话没有必要搞得那么复杂。其实不然，人的情绪特征有很大的差异，有的刚烈粗暴，有的温和细腻，有的保守封闭，有的自由开放。安全工作谈话时假如做不到有的放矢，讲究点攻心的策略，势必收效甚微。

二要因事而变。班组领导者应掌握下属的言行，但并不是不分轻重缓急，大事小事都非谈不可。违反安全制度和安全生产法纪的大事要正式严肃地谈，鸡毛蒜皮的小事就不必专门谈，最多简单通个气就行了。否则，西瓜芝麻一起抓，只会吃力不讨好。

三要因时而变。俗话说："打铁看火候，穿衣看气候。"安全工作谈话更是如此。谈的早了，条件不成熟，达不到预期的目的；谈的晚了，时过境迁，失去作用。关键是要审时度势，控制好安全工作谈话趋向。一是出现隐患时要早谈。千里之堤，毁于蚁穴。严重复杂的安全问题刚露头就应该抓住蛛丝马迹及时谈，把工作做在前头，防微杜渐，消除隐患。二是情绪激动时过后谈。从心理学角度讲，当人郁闷烦躁时，逆反心理明显，很难听得进别人的劝说，尤其是不同意见。这时，谈话者应该暂时回避，防止一谈即崩，待对方心情相对平静时再谈。三是身处逆境要热谈。当人处于逆境或落后时，心理上往往非常期待他人的关心、帮助和鼓励。这时班组领导者要心怀暖流，以热心、热情来帮助他们正确看待工作和生活中的挫折，激发起他们的希望和信心。

当然，班组员工的安全思想转变不是一蹴而就的，一次成功的安全工作谈话不一定就能彻底解决相应的安全问题，很多时候还需要持之以恒的安全教育，因而班组领导在安全工作谈话时还应保持平和的心态，不急于求成。只要安全工作谈话方法科学，就一定会有所收获。

55. 安全教育谈话要做到"五有"

(1) 要言之有情

无论是哪一种形式的谈话，不管是谈什么内容，班组领导都要带着感情去谈。在谈话过程中，班组领导首先要与下属进行感情上的交流和沟通，平等对话，做到晓之以理、动之以情，要从关心、爱护、帮助下属的角度去谈，用温和、谦逊、坦诚的话语去交流。因为人是有感情的，也是最讲感情的，安全教育谈话本身就是一种心灵的碰撞，是一种感情的交融，只有充满真情实感、坦率真诚、发自内心的安全工作谈话，才能感动对方，拉近彼此之间的感情距离，使对方感到你可亲可信，从而产生共鸣。这样，对方才愿意跟你谈，才能听得进去你的话，才会跟你说掏心窝子的话，才会敢于暴露真实思想，从而才能使安全教育谈话取得对症下药的效果。

（2）要言之有趣

安全教育谈话要解决一定的安全问题，需要有宽松的环境和良好的气氛。因为谈话大多是领导者与被领导者谈，被领导者面对与自己谈话的领导，本来心里就紧张，如果领导者再板着脸打官腔，就容易使对方对安全教育谈话产生恐惧感和戒备心理。许多事实表明，枯燥无味的说教式的谈话是达不到好效果的。谁都喜欢听幽默风趣的语言，乐意接受严肃活泼的对话。幽默风趣的语言能活跃气氛，能让对方放松心情，使问题简单化，能使安全教育谈话很快进入主题。

（3）要言之有实

无论干什么，都要讲究实事求是。安全谈话教育也是一样，要讲真话、讲实话。这就要求班组领导在谈话之前做好充分准备，做好深入细致的调查研究，对安全谈话教育的主题内容各方面的情况，产生问题的主客观原因及谈话对象的安全思想状况等了解清楚，把握准确，才能做到心中有数，言出有据，切中要害，使自己的安全谈话教育始终处于主导地位。同时，班组领导与员工安全谈话教育时还必须做到语言朴实无华，切忌大话空话、官话虚话。只有班组领导谈的是对方要听的实话、真话,对方才会听得认真,领导者与被领导者之间才会产生互动效应,才能真正解决问题。

(4) 要言之有信

班组领导说话要落地有声,言行一致,说话要讲信用,要以自己的一言一行、一举一动来树立威信,来塑造自己的人格形象。因为安全谈话教育的效果往往取决于谈话双方的诚实信用程度,并取决于班组领导能否说到做到、言行一致。班组领导者只有说到做到、言行一致,员工才会信任你,才会跟你交心,跟你说实话。所以,班组领导在与员工谈话时,要做到承诺的一定要兑现,答应的一定要去办,同意的一定要实行,做不到的不说,办不成的不谈,这样谈话的内容才能深入,谈话的效果才会更佳。

(5) 要言之有则

所谓有则,是指谈话要有原则性。是否有原则性,敢不敢坚持原则,既是衡量一个班组领导的素质的标准,又是能否保证安全谈话教育取得较好效果的关键。班组领导在安全谈话时敢于坚持原则,不回避矛盾,敢闯禁区,敢捅马蜂窝,能够严肃地指出对方存在的问题,并帮助对方认真查找和分析产生问题的原因,做深入细致的安全思想工作,就会使对方深刻认识到自身所存在的问题及其危害性,坚定改正的决心,使谈话富有成效。否则,如果班组领导在谈话中不敢触及对方的痛处,不敢坚持原则,只说一些无关痛痒的话,就达不到安全谈话教育的目的。

56. 增强批评教育针对性的"五异"法

批评是一种领导方法,更是一门领导艺术。长于批评者,会让人闻批则"喜",挨批就"笑";拙于批评者,易使人闻批则"忧",挨批就"跳"。班组安全生产实践证明,要发挥批评惊醒人、教育人、激励人的正面效应,关键是要按照"五异"的要求,努力增强批评的针对性。

(1) 因人而异

在班组安全工作中，因人而异实施批评，是批评教育取得成效的首要因素。实施批评教育时，应着力搞好"三个区分"：一要区分相互关系定"调"；二要区分性格气质谱"曲"；三要区分个体群体立"靶"。如果批评教育对象不是一个人，而是几个人或是一个群体，则应抓主要矛盾，着重批评教育其中具有代表性的人，或职务高者，或具体负责者，或所犯错误性质严重者，注重发挥批评教育的群体效应和辐射效应，切不可主次不分，撒"胡椒面"，或轻重无别，搞"天女散花"。

(2) 因事而异

在班组安全工作中，对事不对人是批评教育应遵循的原则。班组长实施批评教育前，一定要弄清员工所犯错误的性质、原因及过程：一要实事求是定"性"；二要追根溯源析"因"；三要一分为二论"过"。坚持全面、客观、辩证地评价员工，坚持动态看待批评教育对象，善于从员工办事的过程中发现其闪光点，防止以偏概全、全盘否定。

(3) 因时而异

要善于打时间差，慎择批评教育时机，而不是机械地搞即时批评教育。实际上，适时批评教育比即时批评教育更重要：一要留"时"促自我反省；二要用"时"平复自己心情；三要判"时"看发展阶段。如果员工所犯错误仍在继续发展之中，应立即批评教育或采取其他补救措施，以减少或避免损失；如果员工所犯错误已完结，不会再继续发展，则可暂缓批评，等对方认识到自身缺点和错误时再进行批评教育，这样效果会更佳。

(4) 因地而异

总的原则是能个别批评教育的尽量不公开批评教育，能在小范围内批评教育的尽量不在大场合批评教育。批评教育场合的选择，主要取决于三个因素：一要依批评对象不同择"地"；二要依批评教育的事项不同择"地"；三要依批评教育方式择"地"。直接式或确指式批评教育，宜在小范围内或用于个别批评教育场合，可直呼其名、直说其事、直言其过；泛指式或触动式批评教育，适用于大范围或会议等公开场合，这种不指名道姓的批评教育能够使大家对号入座，查找自身问题，从而达到自我反省的目的。

(5) 因度而异

在班组安全工作中批评教育要因度而异，这里强调的是对批评教育分寸的把握，隔靴搔痒或一味下猛药，都不是科学的批评教育方法。概括地讲，班组长因度而异实施批评教育，重在做到"三个结合"，即批评错误事实与尊重批评对象人格相结合，肯定成绩与否定过失相结合，准确地点人点事与模糊地留有余地相结合。一要明确目的掌"舵"。要时刻牢记批评的目的在于惩前毖后，治病救人，让犯错误的员工吸取教训，而不是坑人、整人或害人。二要拿准分寸施"批"。俗话说："人要脸，树要皮。"员工也是爱面子的，如果班组长批之过严或用语过激，用心虽好，但结果可能适得其反。三要抓住关键重"评"。从字面上理解，"批"是摒弃、剔除之意，侧重于否定；"评"则是评论是非曲直，强调客观分析，如果只"批"不"评"，把批评变成训斥，就容易使员工产生逆反心理，不利于达到批评教育的目的。相反，如果把批评的重点放在"评"上，既指出被批评者错在哪里，又指出其为什么错，并为其指明改正方向，就能使其充分感受到班组长的爱护，从而诚恳地接受批评，自觉改正错误。当然，班组长在"评"时，也应做到评之有据、评之有理、评之有度，切不可瞎评、胡评、乱评。

57. 安全教育中说服工作的启发艺术

(1) 着眼长远，指明前途

所谓"启发"，也就是想办法让对方"开窍"。这就需要针对不同的对象，找到他们的"命门"所在，只要"命门"一找到，问题就会一点就破，迎刃而解。如一位班组长在与一名受到挫折的，并被转到另外生产一线岗位担任主操的员工进行交谈时，一开始就吃了闭门羹，他一口回绝"不干"，谈话陷入僵局。此时，如果用"思想不同，服从组织"的严厉说辞来压服他，倒是简单，但是效果必然不佳。这时，暂时放下"干"还是"不干"不谈，帮助其分析前面的路怎么走，指出他在当时的情况下，除了"沉沦"，要想振作起来，有两条路可选：一是下海去干个体户；二是到生产第一线大干一场，在艰苦的环境中建功立业。他听到这里眼睛一亮，说："我考虑考虑。"随后问题很快解决了。后来，这位员工在生产第一线岗位经过一个时期的实际锻炼，成为班组人员中的骨干力量。

(2) 开诚布公，讲明政策

一些受了挫折、犯了错误的员工，往往不能正视自己的错误，总认为是别人有意整自己，因而很难正确对待错误，接受组织处理。如某员工犯了操作错误，其错误事实清楚，证据确凿，她本人也供认不讳，但就是拒绝在处理决定上签字，认为给她处分是有意整她。安全员同她谈了两个多小时，怎么也谈不通，她就是不服气，就是不签字。班组长了解到情况后，把对操作错误处理的有关规定、量计尺度都一一向她讲明白，同时明确告诉她，由于她认识态度较好，能配合班组进行调查，所以给她的处理是从轻的，并非她所认为的有意整她。政策讲明了，思想就通了，前后用了不到半小时，问题就解决了。

(3) 讲清道理，留有余地

在班组基层，安全思想工作中经常会遇到一些员工因情绪激动而提出一些比较尖锐、政策性很强、来不及调查核实而又必须做出答复的问题。在这种情况下，要想回避矛盾、避实就虚、敷衍了事，员工是不答应的；信口开河、盲目表态，一味迎合员工情绪，又会给以后的工作带来被动。这时候，首先自己要冷静，然后要设法引导员工明白事理，使员工懂得原则问题，大是大非问题必须调查核实以后才能得出结论。在处理一起群体性事件时，针对员工提出的一名副班长有经济问题甚至腐败现象的问题，班组长在班组大会上明确表态，对于大家提出的这些严肃的问题，一是不能当耳旁风、不当回事，二是不能听风就是雨、盲目行事，一切结论都必须在调查取证之后才能得出。对于这个表态，员工虽然觉得不够解气，但也认为有道理，能够接受。这样一来，既平息了事态，又为后面的工作赢得了主动。

(4) 关心爱护，晓之以理

做班组安全思想工作常常要与弱者打交道，他们有困难、有包袱，需要班组的关心和帮助，但他们中也有一些员工考虑问题有片面性，期望值过高。因此，对于他们，一方面，要关心爱护，帮助他们解决问题，克服暂时的困难，渡过眼前的难关，同时也要充分尊重他们、抚慰他们，帮助他们从受伤害、受委屈的心境中解脱出来；另一方面，对于他们不切实际的过高要求，也不能迁就。属于其自身一定责任的，要引导他们正确对待别人，正确对待自己，正视自己的问题，承担自己的责任；属于期望值过高的，要引导他们认识到组织照顾是有限度的，救济补助是有规定的，打消他们狮子大张口的念头，降低他们的期望值。总之，对于需要关心爱护的，要给予充分的关心爱护；对于需要晓之以理的，要耐心引导，让他们明白事理；对于一些固执己见、不听劝告的，要适时给予批评，通过批评使他们明白道理。这样，该关心的关心，该引导的引导，该批评的批评，从关心爱护的愿望出发，动之以情、晓之以理，一般情况下都是可以达到说服的目的的。

58. 班组安全教育谈话的言之六要

班组是企业的基本组成单元，没有班组就没有车间，没有车间也就没有企业。作为班组长在班组安全建设工作中，应该时刻注意自己的一言一行。笔者在自身修养上，体会最深的莫过于对"言"字的认识了。在实践中，主要应注意六个方面：

一要慎言。人不可能对任何事物都保持沉默，有话就要说，但是，作为班组长，就不能像其他职工一样随便说话。一般而言，班组长在非正式场合说话可以随和些。但是，由于其身份、地位的特殊性，在职工眼里，普遍认为班组长讲话，不仅代表他个人，也代表班组。因此，无论是与同志接触，还是与企业形形色色的人交往，班组长都应慎言。不懂的，不清楚的，最好不要急于表态；空泛的，应景的，也不要说。对于职工个人或某个岗位的评价，不能脱口而出，以防失真失实，产生不好的影响。

二要善言。要求班组长慎言，不是说不能说话，相反还应该善于说话。除了在班组安全工作场所要思路清晰、思维敏捷、善于讲话外，与职工安全谈心也要求善谈。与职工安全谈心要因人而异，注意谈话技巧。由于职工的文化程度、思想基础、工作岗位、社会经历、个人气质等千差万别，这就决定了班组长在同他们接触时，要善于根据谈话对象的不同特点加以区别对待，根据对方的性格特点灵活掌握。若职工坦率、耿直，与其谈话时不妨简捷一些，有什么说什么，其在安全生产中有什么问题和不足就当面指出；若职工性格比较内向，不善言辞，不妨主动一些，多加引导，打消其思想顾虑，若在安全工作中有什么不足，批评方式也应尽量委婉一些；对自尊心比较强、爱面子的职工，在安全谈话时提出问题的方式就应缓和婉转，以防止矛盾激化；若是职工讲话啰唆、重复、逻辑混乱甚至出言不逊时，也不要着急，而要冷静、耐心、细致地做好说服工作，动之以情、晓之以理，让其有信任感。

三要察言。"听其言而观其行""会谈的不如会听的"。班组长在与职工接触时，要善于察言，来进一步识别职工。听他们工作谈话，关键是不能先入为主，不偏听不偏信，不被花言所惑，不被巧语所迷。要分辨清楚是谗言还是真言，是媚言还是诤言，是恭维话还是公正话，是虚假话还是大实话。在广泛全面地虚心听取的基础上，去伪存真、由表及里地加以分析，除去其中不合理、不正确的因素和成分，从安全谈话中掌握职工的真实情况，判断、识别职工的优劣。能否耐心听言、虚心纳言，是察言的基础。班组是企业职工之家，职工思想上有疙瘩，安全工作上有苦恼，生活中有难处等，他们都会首先想到来找班组长。不管话是好听的难听的、温和的偏激的、牢骚的指责的、正确的错误的、全面的片面的，班组长都要耐心倾听，要有"海纳百川"的胸怀和度量。不能听了好听的话就和颜悦色，听了不好听的话就一脸严肃，甚至粗暴地打断，如果那样会伤害职工对班组的感情，也有损于班组的形象。

四要敢言。现在班组长中有一种很不好的现象：看见毛病装"盲人"，听到问题装"聋人"，谁要是当面指出别人的不足，那就很有可能引火烧身，自找没趣，得罪人，于是便采取"事不关己，高高挂起，明知不对，少说为佳"的态度。"难得是诤友，当面敢批评。"班组长要当好职工的诤友。面对班组安全工作中一些职工的违规违纪行为，应该坚持原则，出于公心，不怕得罪人，敢于直言不讳，敢于打破情面，指出其不足之处。对职工的不足、缺点只有真实地点出来，才能促使其猛醒、回头。班组长代表班组对在安全生产中有缺点的职工敲警钟，犹如醍醐灌顶，对其心灵的震动大，比企业其他领导谈话"疗效"更明显。

五要诚言。班组长要当好职工的挚友，与职工安全谈话最忌讳的就是高高在上、冷嘲热讽。"良言一句三冬暖。"与职工安全谈话应放下架子，热情诚恳、以诚相见、推心置腹、满腔热情地关心同志、爱护工友。不要用官话训人，用大话吓人，用假话哄人。对工作上出现问题的职工，要善于观察其思想动态，通过谈话排除其思想障碍，解除其心理负担。

六要明言。明言即有话要摆到桌面上来。在这方面，班组长应做把话说到明处的表率。班组领导成员彼此之间在工作上出现意见分歧，班组长要开诚布公地指出，把话当面说清楚，讲真话，讲心里话。不能搞当面一套，背后一套，这样不利于班组领导与成员之间的团结，班组领导班子也不会有什么凝聚力、战斗力。职工有了缺点错误，班组长要明明白白地指出来，把缺点错误摆在明处，让其知道自己的不足之处。而不能态度暧昧、和稀泥，该说的话不说，顾左右而言他，听任其错误蔓延，最终使职工的小错变成大错。

59. 掌握批评教育的技巧

(1) 批评教育是一种沟通，必须唯真唯实

在班组安全工作中，一是实施批评教育要慎重；二是批评教育态度要诚恳；三是批评教育语言要恰当，要使员工心悦诚服，愉快地接受批评教育，尽快地改正错误，应尽量使良药不苦口，忠言不逆耳；四是批评疏导要耐心，要把批评与教育疏导、讲安全工作政策规定和安全规章制度结合起来，为有缺点和错误的员工解难释疑，帮其划清是非界限，使其尽快充分认识错误，从而醒悟过来。

(2) 批评教育是一种疏导，必须把握规律

一是选准时机，掌握火候；二是区分情况，因人施治；三是"批""评"并重，搞好引导。批评批评，"批"之后要有"评"。"批"是指出缺点和错误，

"评"是点评,也即指出改正的意见。无论什么人,出错后都希望别人能为自己指点迷津,而不是指手画脚、抱怨指责,因此,只有在指错的同时告诉被批评者需要做什么和应该怎样做,才能取得良好的效果。

(3) 批评是一种教育,必须注重实效

一是声势和场合宁小勿大;二是善于运用"一点通"艺术;三是多施以"表扬式批评"。每位员工都有缺点,也有优点,对其缺点进行批评时不能一棍子打死,使其心理失衡,影响批评教育效果,而是应先给对方一番赞誉,然后再委婉地批评,这样先褒后贬、褒贬结合,可以调整当事人低落的情绪,减弱其抵触、戒备和不满心理,使之能正确评价自己,从而产生克服缺点、改正错误的决心和勇气。

60. 班组安全教育中安慰的艺术

在班组安全教育中,进行安慰,就是班组长对员工的精神、情绪进行安抚和慰藉,以校正其失望、失败、不自信的不良情绪,激发出其新的热情。人在成功时遇到的大多数是鲜花和笑脸,一句鼓励的话已嫌微不足道;而在失望、失败和遭受挫折时,一句温暖人心的话足可以使人永生难忘。锦上添花固然不错,雪中送炭更暖人心。班组长要善于在员工遇到挫折、碰到困难、遭受失败和不幸时,实时地进行安慰,这样才能调整好团队或班组的精神氛围。

(1) 平等待人、动之以情是安慰的前提

平等待人就是尊重员工的独立人格,尊重员工的自主地位,不是以势压人或居高临下,而是以自己诚挚、宽厚、豁达的态度与员工打交道。人都是有感情的,班组安全活动中都有班组长与员工之间的思想传递和感情传递。因此,当员工遇到困难,面对挫折和不幸时,班组长要以平等态度待人,怀着与人为善的诚挚态度,抚慰员工的精神创伤,帮助其渡过难关。只要以平等、真挚的感情去说服人,员工都能心悦诚服地接受班组长的劝慰、批评,进而达到感情上的沟通。

(2) 沟通是安慰的基本方法

沟通的过程就是安慰的过程。沟通就是实现人与人之间、班组长与员工之间的相互理解，让对方理解自己的所作所为。因此，沟通的过程就是加深相互理解、增进感情、统一认识的过程。只有相互理解，才能相互接受、容忍和支持，进而顺利实现班组长意志，达到安全生产的目的。班组长与员工之间只有以诚相见、感情真挚，才能和谐默契、精诚合作。

(3) 安慰不是无原则的退让和讨好

安慰时要注意原则性。班组长要在感情沟通基础上，敢于坚持原则，以符合法律法规、规章制度、道德准则的行为疏导员工的不良心理。安慰不是目的，只是达到目的的手段，不能靠无原则的许愿、退让来换取安慰的效果，那样会后患无穷。

(4) 安慰时必须注意语言的艺术性

善意的批评，对错误言行入情入理地分析评判也是安慰的一种表现形式。一方面，这种批评分析是对犯有过失、错误或遇到挫折的员工负责任的表现，并且这种以理服人、以情感人的方式会让员工乐于接受批评，提高认识。另一方面，这种批评是对错误言论、错误行为的惩戒，而对于其他人则就是一种褒赏式的安慰了。其潜台词就是他们受到了批评，而你们是对的、是最棒的。这时讲话的分寸特别重要，切记不能因安慰了一些人而伤害了另外一些人。

(5) 班组长率先垂范、身体力行也是一种安慰

在困难和危机面前，班组长要有"泰山崩于前而色不变""无故加之而不怒，猝然临之而不惊"的大度和稳健，遇事能知难而进、挺身而出，这样会对员工产生强烈的示范与抚慰作用，使之产生强烈的归属感和安全感，从而激发他们更加努力、更加自觉地按照班组长的意图去工作。

(6) 安慰时要因人因事而异

对无理的员工，要耐心说服，晓之以理，促其醒悟；对有错误的员工，

要帮助其查找原因，寻找改正错误的途径和方法；对遭受不幸和痛苦的员工，则要鼓励他们正确面对人生，以达观的态度面对困难，并积极从物质和精神上帮助员工渡过难关；对遭受挫折的员工，则主要是帮助其甩掉精神包袱，重新扬起奋斗的风帆，激励他们为企业和班组的安全生产目标而努力。

61. 提高安全工作批评教育质量的要领

(1) 要直点其名，不要含糊其词

有的班组长，批评起人来总是犹抱琵琶半遮面，但凡谈到安全生产问题发生的具体岗位和个人，总是将"这回给你留个面子，就不点你的名了"挂在口头，或是含含糊糊，仅以"某某岗位"或"某某个人"予以代替。究其缘由，主要是"老好人"的思想意识在作怪，考虑大家平日里工作生活在一起，抬头不见低头见，怕把关系搞得太僵会对今后的工作不利。殊不知，作为班组长，不敢正视犯错误的员工，在一定程度上也就是不敢正视错误，更谈不上去积极地纠正它。直点其名，不仅是给犯错误的员工一个警示，使其及时改正，更重要的是对大家也是一种提醒，让大家也有所警觉。

(2) 要指明其事，不要无的放矢

批评教育的目的是让大家有则改之，无则加勉，闻者足戒。没有事实作依据的批评，如同没有靶子的射击，是起不到什么作用的。有些批评教育让人听起来就像是在打"迷踪拳"、玩"空手道"，如蜻蜓点水一般，仅限于点点名、提提醒，不痛不痒，说了还不如不说。究其原因有二：一是对事情经过了解不清楚、不充分，不便于展开批评教育；二是考虑到本班组的利益，欲把大事化小，小事化了，对其进行"淡化处理"，于是乎轻描淡写一番。批评是一种真理与错误的较量，在这场较量中，不存在"双赢"的可能性，玩"空手道"、打"迷踪拳"，只能使批评教育失去应有的分量，一方面众人"云深不知处"，不知其然，另一方面犯错误者也会躲过"一劫"，进而产生侥幸心理，这就无法达到教育的目的。

(3) 要讲清危害，不要以叙代议

我们知道摆事实的目的是讲道理，然而掺杂过多对错误事实的描述，也是批评教育失败的原因之一。有些班组长对于错误事实的描述津津乐道，部分员工也热衷于打听事情的经过，将共同反思的过程变成了听"事迹报告"，教育效果肯定不好。班组长对事实描述过多，就是其缺乏理论分析能力的表现，只会说"不能做"，但又说不出"为什么不能做"，不知其危害是什么。因此，班组长在实施批评教育时，应多讲危害，多讲"为什么"。

(4) 要找准教训，不要以罚代教

为了使批评教育产生"立竿见影"的效果，不少班组长多采用惩罚式的批评教育。班组长大多喜欢这种批评教育形式，是因为实施惩罚可以使教育"疗程短，见效快"，免去了许多麻烦。岂不知，这样的批评只能使班组长与员工的距离越来越远，干群关系越发紧张。应该明白，开展批评教育并不是开批斗会，而是要让大家吸取教训，防止问题的再次发生。因此，在实施批评教育时应尽量避免以罚代教的模式，使大家都以参与者的身份参加教育，而不是以围观者的身份看问题。所以说，应以理服人，莫以权压人。

(5) 要深挖实质，不要虎头蛇尾

安全生产问题的发生，究其根源与班组管理、规章制度等存在的问题有着千丝万缕的内在联系。发生安全问题的个人由于自身的局限性，难以看到问题的本质。而作为班组长，要善于为其"拨开云雾见青天"，不仅要讲清问题的缘由、道理，还要鼓励其树立改正错误的勇气和决心，指明努力的方向。

(6) 要注意场合，不要随意"放炮"

某些班组长"大炮式"的性格，使得他们喜欢随意"放炮"，不管大会小会，只要有机会就讲，有机会就批，有机会就训，使犯了错误的员工很长时间抬不起头来，有些自尊心特强的还可能做出过激的行为，从而引发新的矛盾和问题。我们经常说要具体问题具体分析，在实施批评教育时要充分考虑到批评教育适用的范围。因此，批评教育要注意把握好度，做到该大会批的不要小会讲，该小会讲的不要大会批，该个别讲的不要在集体场合说。

第四章
新时期班组安全教育探讨

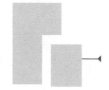

本章导读

　　班组的安全教育应该说是永恒存在的，世界上只要有企业，企业只要有班组，那么班组的安全教育就不能缺失。在新的时代，班组的安全教育工作只能强化，不能弱化。因为工业在不断发展，新技术、新材料、新设备、新方法不断涌现，随之而来的是这些"新"所带来的安全问题。本章介绍了39个方法，以说明新时期班组安全教育工作的重要性和必要性。

　　提高安全意识，确保企业的安全生产，取决于班组人员所具有的安全技术素质、安全管理水平和安全责任心。安全活动不能流于形式，而要扎扎实实开展，要学习安全规程、强化安全技术措施、剖析典型事故案例，让安全教育具有针对性，起到一定的启发作用。员工知道得越多，所犯的错误就会越少，安全防护意识、操作的准确性等也都会相应提高。

62. 浅谈班组安全教育三题

(1) 岗位练兵教育

岗位练兵是提高班组员工安全技能最直观、最见效的一种方法。如针对化工生产特点,组织员工进行岗位灭火演习,示范灭火器材操作要领,讲明火灾特点,发现火险如何报警,如何选用灭火器,如何逃生等。再如进行岗位防毒演练,讲明毒气性质,示范防毒器具的选择及操作方法,普及急救知识,使岗位的所有员工均具备防毒器具的使用和防毒知识。又如员工之间的互学互问,针对生产中的某个安全问题,员工之间以问答的方式进行安全知识教育,对普及安全生产知识起到了一人答题、众人受益、通俗易懂、简明实用的效果。

(2) 每周一题教育

在班组每个作业岗位的操作间的墙壁上挂上壁斗,插入安全教育卡片,用教育卡片的形式,对本岗位安全注意事项、安全工作要求、主要危险源点、重要操作步骤等,每周出一题,让员工在工作之余,答出这一题的正确答案。这样可加深印象,使安全知识在头脑中扎根。若本岗位的安全问题答完,也可有针对性地在有关安全技术方面、安全法律法规方面、安全文化建设方面适当出题。这样一年52道题,每题人人精通,坚持数年,员工的安全素质必会大为增强。那么,班组的安全生产就有了可靠的保障。

(3) 典型案例教育

对班组进行安全教育一定要抓住典型事故案例教育不放。分析本企业发生的事故,使员工铭刻在心;剖析同类企业发生的事故,使员工触目惊心;开展国内外同行业的典型事故案例教育,使员工警钟长鸣。

总之，班组安全教育涉及方方面面，手段方法也多种多样，没有一定的模式。通过岗位练兵教育、每周一题教育、典型案例教育能收到较好的安全生产效果。

63. 班组安全教育的形式

（1）班前班后会

这是进行经常性、日常安全教育的阵地，是控制生产作业中人的不安全行为的直接领域，是确保从业人员遵章守纪的重要教育形式。班前会应至少包含以下四方面内容：当天的生产计划、作业任务；昨天发生的异常状况；对班组成员个人或班组进行口头褒奖；对班组成员宣传企业的管理文化、政策方针、发生的事件等。

在班前会中，班组长必须要对每位职工讲上一班现场情况和存在的问题，并且要强调现场的主要安全措施。基于班组长的主要安全责任和必须把握的安全环节，对本班应具体明确的注意事项和处理方法进行讲解。同时要重点强调特殊工种的岗位要求，对有问题、有隐患地点的作业人员提醒必须注意的安全事项，使职工充分了解自己工作的责权与注意事项。

（2）事故分析与处理现场会

其一般步骤为：

① 围绕事故分析这个主体按步骤分阶段开展分析与研究工作。

② 通过现场考察和检测弄清事故真相，包括结构裂损现状和可能发展趋势的初步估计。具体工作内容包括检测工具的选择，检测方法的商定，检测计划的安排，检测记录的整理与认定。

③ 通过对现状的分析找出工程损伤和事故原因。主要工作是对结构损伤、裂缝进行机理分析。

④ 对现状和原因确认后，再选择处理方案。这是事故分析的具体目标，需要做的工作较多。

⑤ 通过经验总结和进一步的研究（机理研究），加强事故防范意识，包括部分科普教育工作和社会宣传工作。

（3）安全报告会

对生产过程中存在的安全问题、安全生产的形势和企业目前的任务，举行安全生产报告会。通报情况、提出对策，让企业全体员工认清形势、明确任务，进而增强安全意识，加强安全管理，促进安全生产。安全报告会本身就是最好的安全教育方式。

安全是一切工作的主线，要深入贯彻落实《安全生产法》，时刻绷紧安全这根弦，进一步提高认识，以更加强烈的忧患意识，全面做好安全防范和应急管理各项工作。要突出重点领域、重点场所、重点时段，聚焦关键领域和薄弱环节，全面深入细致排查风险隐患，始终做到底数清、情况明、预案细，切实加强源头预防、综合治理、应急处置。

（4）安全训练班

要充分认识举办安全训练班的必要性。安全生产关键在于技能的提高，通过安全训练班学习，进一步提高班组人员的安全技能，更多地了解安全生产知识，增强做好安全生产工作的自觉性。安全生产是一门严格的科学，班组人员要当内行，要懂安全，才能抓好安全。作为作业人员，只有加强自身的学习，掌握安全生产基本知识，真正懂得安全，才能真正地抓好安全。另外，注重理论联系实际，切实增强培训的针对性和实效性。

（5）电化教育

班组利用幻灯片、电影、电视、广播、多媒体、互联网等手段来进行安全教育。这种安全教育形式直观形象、容易理解、贴近生活，能使广大员工在潜移默化、耳濡目染中受到安全思想的启迪，进而在生产过程中"互相照应"保安全，互相监督不违章，达到安全生产的目的。因此，电化教育是今后安全教育发展的方向。

64. 班组安全教育的基本原则

班组安全教育原则是班组进行安全教学活动应遵循的行动准则。它是从安全教育工作实践中总结出来的，是班组安全教学客观规律的反映。

(1) 教育的目的性原则

班组安全教育的对象是班组的全体员工，以及员工的家属。对于不同的受教育对象，安全教育的目的是不同的。对班组领导，是安全认知和安全工作决策技术的教育；对班组员工，是安全工作态度、安全技能和安全知识的教育；对安全员等八大员，是安全科学技术的教育；对员工家属，是让其了解员工的工作性质、工作规律及相关的安全知识等的教育。只有准确地掌握班组安全教育的对象和目的，才能有的放矢，提高班组安全教育的效果。

(2) 理论与实践相结合的原则

班组安全活动具有明确的实用性和实践性。班组进行安全教育的最终目的是对事故的防范，只有通过生活和工作中的实际行动，才能达到此目的。因此，班组安全教育必须做到理论联系实际。现场说法、案例分析、预防演练等是班组安全教育的基本形式。

(3) 调动教与学双方积极性的原则

有人说，安全事业是"积德"的事业，"安全教育"是给员工最大的福利。从班组受教育者的角度，接受安全教育，利己、利家、利人，与自身的安全、健康、幸福息息相关，所以，接受安全教育是员工发自内心的要求。对此，应全面地、长远地、准确地理解安全教育活动的意义和价值。

(4) 巩固性与反复性原则

一方面，安全知识随生活和工作方式的发展而改变；另一方面，安全知识在人们生活和工作中的应用是偶然的，这就使得已掌握的安全知识随着时间的推移而淡忘。"警钟长鸣"是安全教育的基本策略。安全教育应坚持巩固性与反复性原则。

(5) 班组安全教育意义和作用原则

在教学过程中经常起作用并直接关系教学效果的基本因素有两个：一个是人的因素，包括教育者和被教育者；另一个是物质的因素，即有关教学工作的各种物资设备和这些设备的有效使用。特别是随着现代教学工具的发展，教学手段的作用越来越重要。

总之，班组安全教育是班组安全生产的"半壁江山"。班组安全教育工作搞好了，班组安全生产才有扎实的基础。班组员工明确掌握教育的基本原则，才会在学习中有所提高，有所进步，有所前进，有所收获。

65. 班组安全教育须注重实效

安全生产要从预防入手，预防须从教育抓起，提高员工的安全意识和安全技能，是搞好安全生产的基本保证，因此，要注意班组安全教育这个阵地。

(1) 班组安全教育是当前安全工作的薄弱环节

违章操作和违章指挥是发生事故的主要原因。应当看到，这些事故的责任者（包括受害者）有相当一部分对"章"知之甚少，安全意识和安全技能很差，说明安全教育特别是班组安全教育是现阶段安全工作的薄弱环节。

(2) 班组安全教育存在的问题

应该说，自从《安全生产法》颁布以来，企业对安全教育十分重视，制定了很完善的安全教育培训制度，从内部员工到外来施工人员，从班组长到操作工，都规定了教育内容和时间，但在实际中落实不好，主要存在"四重四轻""四多四少"的问题。

① 四重四轻

a. 重检查，轻教育。安全检查是搞好班组安全工作的有力方法和手段。近年来，安全检查工作已逐步规范化和标准化，对保证班组的安全生产起到了很大的作用。但即使再提高检查频次和力度，事故仍时有发生。安全检查是"外因"，搞好班组的安全工作主要靠本班组这个"内因"起作用。班组安全教育是一种打基础、见效慢、持续性强的工作，不容易立竿见影，所以一般来说不被重视。

b. 重安全意识教育，轻安全技能教育。员工的安全素质包括两个方面：安全意识和安全技能。安全意识教育对那些存在侥幸心理、图方便、怕麻烦或者急躁冒进的少数员工能起到较好的抑制作用，但对技术水平差的员工起的作用较小。我们常说的"要我安全，我要安全，我会安全"，其中从"要我安全"到"我会安全"应当是层次上的提高。一个员工如果仅有安全意识，但缺乏安全技能，面对实际操作，要么束手无策，要么冒险蛮干，这仍是不安全的。安全意识教育与安全技能教育应当是相辅相成的关系，班组安全意识教育对员工安全思想产生影响，班组安全技能教育对员工安全思想进一步深化。

c. 重新员工三级安全教育，轻全员日常安全教育。新员工入厂的"三级安全教育"尽管存在一些问题，但相对员工日常安全教育情况还是好的。班组日常安全教育开展较差的集中表现为：一些班组安全教育不落实，转岗人员安全教育不到位，外来人员安全教育过于简单，复工人员安全教育流于形式，停工人员安全教育走了过场等。在班组多层次的安全教育中，笔者建议要着重抓好班组长、班组安全员、班组骨干的日常安全教育，因为他们的行为将直接影响班组的安全生产。

d. 重事故班组防范教育，轻非事故班组防范教育。当前，在诸多企业中存在着事故班组认真进行安全教育，而非事故班组则仅仅对事故通报一下了事的现象。事故教训是一种用鲜血和财产甚至生命换来的财富，他山之石可以攻玉，认真研究他人的事故，开发他人的事故资源，可以提高自身防范事故的能力。

② 四多四少

a. 学习文件多，学习标准、规程、制度少。在班组安全检查中发现，班组的安全学习材料多是上级文件、领导讲话或者是企业安全工作要点、计划等,真正与员工安全工作实际联系紧密的安全操作规程、安全管理制度、安全工作标准则较少。

  b. 制度转发多,细则制定少。企业的各项规章制度是经过几代人的惨痛教训换来的,认真执行不仅可使班组免受不必要的损失,而且也是员工自身安全的保证,但由于员工的安全活动时间是有限的,所以安全管理制度不能过于烦琐。因此,在安全教育中,对于上级部门颁布的安全制度,各班组要立足于自身的实际工作,进行简化、细化、具体化,以利于员工学习、记忆、执行,也利于上级单位的监督考核。

  c. 班组长讲话多,员工参与少。班组长在班组安全教育活动中是一个组织者,是班组安全教育活动开展好坏的关键,但班组安全教育活动重在员工的参与。从班组安全教育活动记录中可以看出,基本上是班组长在演"独角戏",往往是班组长把文件一读,谈几点要求,然后教育活动就结束了,员工发言谈感想、谈体会、谈想法的机会很少。这种教育活动形式收效甚微,久而久之,使班组安全教育活动流于形式。

  d. 动嘴多,动手少。目前班组安全教育活动多以动嘴为主,实际操作训练较少,一些事故处理预案形同虚设,班组成员处理事故的应变能力较差,难以达到快速、有效遏制事故发生的目的。

(3) 班组抓好安全教育的方法

  班组安全教育是安全生产的一项长期的工作,班组在长期的生产实践中,针对各个时期的安全状况,在安全教育上努力做到内容上求新,形式上求活,效果上求好,这样,班组的安全教育才有生命力。

  a. 分层次培训,注重安全学习资料的选择。

  应当按照不同岗位、工种安排不同的教育内容,对班组管理人员,以安全意识教育为主;对岗位操作工则以安全技能教育为主;其他人员根据情况安排相应的安全教育内容。学习资料的选择要根据安全教育内容,尤其对岗位操作工来讲,学习资料应尽可能精简、易学、好记、针对性强。且时间要有保证,检查考核要到位。

  b. 结合技能教育,搞好安全培训。

  安全培训与操作技能教育是管理上的不同要求。安全培训是为技能教育服务的,并在技能教育中占有重要的地位。随着技术的进步以及自动化、大型化、无人化设备的使用，员工安全教育水平对安全生产的影响将越来越大，安全培训与技能教育将有更深的联系。

c. 利用各种各样的班组活动提高安全教育效果。

班组安全教育要讲求一定的形式，形成一种激励机制，促使班组员工在活动中得到提高。这些安全活动包括：看录像、读报、事故分析会、安全演讲会、事故演练、安全工作讨论会等，在这些活动中人人参与最为重要。

66. 班组安全教育须深化

(1) 逐步完善教育内容，力求教育内容系统化

班组安全教育针对性较强，鉴于对象主要是生产一线的员工，而且不少教育内容重复程度高，如新工人入厂的三级安全教育，对临时工、外包工、实习生、外来参观人员的安全教育等。同时，不同种类的生产班组和岗位有其独特的安全要求和规定，这就决定了班组安全教育应有针对性。为此，班组安全教育负责人应立足实际，善于归纳和总结，依据国家和上级有关部门的有关规定，结合本班组、本岗位的具体特点，逐步充实和完善具有本班组特色的安全教育内容，以确保其全面、具体、针对性强，条件成熟时编制出适合自身特点的安全培训教材。其内容可包括：本班组现行的安全技术规程；与本班组工作（生产、储运等）有关的安全技术知识；本班组各工序、各岗位的各类事故预案；本班组与有关单位、有关班组历史上曾发生的典型事故案例；关键工序、关键设备的安全操作要点等。

(2) 不断改进教育方式，力求教育形式多样化

安全教育是一项作用于人、影响于人、以人为本的工作。由于班组成员的个人素质不同，文化程度不等，家庭背景各异，年龄结构参差不齐，因此在班组安全教育中，只有采取灵活多样的教育方式，因人施教、因岗施教、因需施教，才能收到事半功倍的成效。具体做法有：

a. 用针对式教育代替灌输式教育。诸如，用正反两方面的典型事故案例进行对比教育；将事故预防、事故预测和事故预案相结合进行系列教育；将事前把关和事后处理相结合进行系统教育等。

b. 用因人施教的方式代替照本宣科的教育方式。诸如，对实践经验相对缺乏的新入厂员工、实习生和文化程度相对较低的老员工等不同类型的人员进行侧重点不同的安全教育。

c. 从生产系统的工作原理着手进行系统的安全教育。在现代生产条件下，随着设备的更新、技术的进步和生产工艺的改进，生产装置的自动化程度逐步提高，因而在安全教育方式上，只有从事故（或隐患）产生的原因出发进行全面系统的安全教育，才能在事故（或隐患）预防、预测方面达到抓标治本、标本兼治的目的。

（3）将有效的做法及时固定下来，实现班组安全教育程序化

班组安全教育种类很多，不同种类的安全教育内容和形式不同。为此，班组安全教育负责人应善于挖掘和寻找其中的内在规律，将教育过程中适合本班组特点的有效经验、具体做法及时固定下来，以实现不同种类教育的程序化。

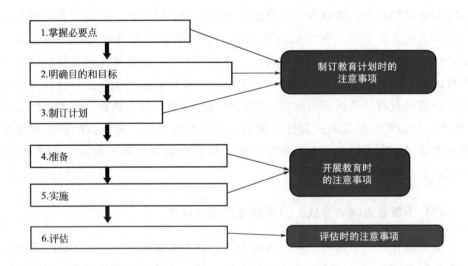

总之，班组安全教育是企业安全教育中极其重要的一个环节，只有做好上述几项工作，才能不断强化班组成员的安全意识，提高其安全技术素质，并逐步实现人的本质安全，因此，有必要引起企业各级管理者的高度重视。

67. 善用培训工具，搞好班组安全

(1) 白（黑）板等书写设备

在过去传统的培训活动中，培训师除了白（黑）板以外几乎什么辅助工具也没有，培训形式枯燥、乏味。但现在随着计算机技术的发展，许多培训师走向了另外一个极端，拿着一台笔记本端坐讲台，虽然有漂亮的PPT投影，但枯燥、乏味依然。其实白（黑）板是一种不能丢弃的培训工具，它可以帮助培训师更好地控制课堂节奏，调整情绪和把握时间。

(2) 图表板

安全培训师可以把课堂的要点或者各种必要的图表写在纸上，然后用夹子把所有纸夹在黑板架上，课堂进行到什么内容，就翻到对应页。这样做的好处是可以在讲课过程中往回翻到已讲过的重点内容，从而节省很多时间，也方便学员们的听课。另外一个好处是，这些资料可以成为今后举办类似安全培训的参考资料。

(3) PPT讲义

PPT讲义是现代安全培训课堂上最常用的工具，优点是视觉效果好，还能链接视频、音频等各种格式的文件，为提升学员注意力提供了多种手段、多种可能。但遗憾的是，许多安全培训只对PPT进行了简单使用，完全不能把PPT的优势突显出来。

(4) 沙盘安全培训

沙盘安全培训来源于管理培训，它是通过引领学员进入一个模拟的生产环境，由学员分组建立若干模拟生产岗位，围绕形象直观的沙盘教具，实战演练模拟班组生产岗位的操作过程。将这种方法，嫁接到班组安全培训当中，也能

起到很好的效果。目前好多企业班组正在开发这样的安全培训课程。

(5) 远程教学软件

远程教学软件革新了传统的安全培训教育模式，与传统模式比，它具有如下优势：知识的网络化、学习的随意性、内容的及时性和培训的即时性。如在线教育软件EST（企业安全教育平台）就是这样一款产品，它依托于网络搭建了一所安全教育学院，满足企业员工安全知识学习、安全技能训练、安全教学管理、安全考试测评和安全信息交流等核心需要，其功能强大、操作便捷并具有高度开放性。EST平台设计突出了参与性和互动性，使自主学习与教学安排相结合、学与练相结合，并且真正做到了寓教于乐。

总之，当我们还在埋头研究安全科学、探讨安全培训课题的时候，让我们抬起头来，看看外面的世界，信息技术、多媒体技术发展到今天，其具有强大的传播能力和表现能力。作为新一代安全教育人员，想把枯燥的安全教育升华，就不能只顾埋头工作，而对各种安全培训工具全然不知。因此，正视并能够正确、自如地使用各种现代化的安全培训工具，对安全教育会有良好的促进作用。

68. 班组杜绝"三违"安全教育刻不容缓

班组中流传着一句话："十次事故，八次违章。"这句话道出了"三违"与事故之间的某种必然联系。在生产现场，一些员工在操作过程中图省事、怕麻烦，怎么省时省劲怎么做，不管操作是否安全。此种行为给安全生产埋下了隐患，给现场作业带来了意想不到的危害。生产现场出现"三违"现象或者发生事故后，有的班组长根本不分析事故的发生原因，而是将惩罚数额均摊在班组所有成员身上，这使违章者得不到严惩，甚至无辜被罚者不惜违章以寻求心理平衡，后果则是班组里违章屡禁不止，导致了违章现象的恶性循环。

"三违"对安全生产十分不利。在赶任务、抢工期、维修抢险等时候，管理人员明知操作有危险或者不允许，可为了某些原因和某种利益，便顾不上那么多，强行发布命令指挥工人违章作业。违章指挥危害大、影响坏，起初大多数班组员工都能按章作业,但当发现其他班组人员违章不但没有被发现,而且还得到了很多"实惠"时,也攀比仿效着去做,以致在班组埋下诸多事故隐患,导致安全之堤瞬间坍塌。

要杜绝"三违",就要加强对员工的安全教育和安全技术培训,使其在作业过程中完全符合操作规程。当然,创新安全管理方法也是必不可少的。班组管理者要根据生产作业现场管理措施上出现的"空当",及时研究分析存在的缺陷和漏洞,在借鉴、吸收、消化其他班组安全管理经验的基础上,创新"三违"治理新模式,建立健全更科学有效的安全管理新机制。

杜绝"三违"要勇于揭短。毫无疑问,任何生产安全事故,都是由隐患造成的。这些隐患,或是存在于员工的思想中,或是隐藏在生产的某个环节中。让员工"揭短",就是发动班组全员打一场"隐患歼灭战",把自己身边有碍于安全的薄弱环节找出来,然后消除隐患。实际上,一个正常生产经营的企业都有可能存在一些事故隐患,有的企业班组几十年平平安安无事故,并不是他们运气好,而是他们勤于查找隐患、发现隐患、消除隐患。相反,那些对隐患视而不见,怕揭短的班组,才是真正的养虎为患。

从一定程度上说,敢不敢揭短,是班组安全工作有无保障的关键所在。揭短就是除患,就是把不安全因素找出来,并将其消除在萌芽中。不敢揭短,就是对隐患的容忍和放纵;而为保自身名誉和形象护短的行为,则是养虎为患。因此,班组消除"三违"的最佳手段就是持久地进行安全教育。

69. 加强员工违章心理的安全教育

(1) 几种违章心理表现形式

a. 省事心理。嫌麻烦,图省事,总想以较少的付出获取最好的效果,但在安全生产方面却常常引起不良后果。许多因违章造成的事故均是在嫌麻烦、图省事、省力气、少出汗、走捷径等心理作用下发生的。殊不知按照安全操作规程作业,才是既省力又省事还出效果的真正捷径。因为安全规章制度都是前人用生命和血汗换来的。

b. 侥幸心理。侥幸心理，就是无视事物本身的性质，违背事物发展的本质规律，违反那些为了维护事物发展而制定的规则，想根据自己的需要或者好恶来行事，使事物按着自己的愿望发展，直至取得自己希望的结果。侥幸心理就是企图通过投机取巧去取得成功或避免灾害，但往往成了许多事故的罪魁祸首。侥幸心理，是一种信念的迷失，缺少坚持，是对事件把握控制力的懒散，若形成习惯，则成为很严重的问题。

c. 表现心理。班组有些人技术差、经验少，却喜欢自我表现，以求改变不被人重视的处境，不懂装懂，硬充好汉；还有一种人自以为技术好、有经验，违章习以为常，满不在乎，虽然预见到违章可能发生危险，但盲目自信，甚至用冒险炫耀自己的技能，把蛮干当本事。有表现心理的人在工作中既不想出力，又想做好工作，注意力分配不当，会因失误而造成事故。

d. 经验心理。习惯性违章是经验心理的一种表现。过分相信直接经验的人，听不进别人的劝告，不容易接受新的防护装置或新的操作方法。"这几年都是这么干的，也没出事啊！""我师傅就是这么干的，也没出事啊！"这就是经验心理在作怪。

旧技能的干扰是习惯性违章的重要原因。现代工业技术发展很快，生产工具和工作方式不断地更新，然而有些工人习惯了以前的做法，总觉得新做法不如旧做法得心应手。这些旧做法经过长期的使用已经操作自如，从信息输入、判断到输出的全过程已渗透入大脑以达四肢，因而要掌握新的操作方法和工艺流程，就必须排除旧做法和旧流程的干扰，而在这新旧交替过程中，很容易使人离开新的轨道而步入旧辙，即导致习惯性违章行为。麻痹大意、侥幸心理、自以为是、求快图省事等是支配习惯性违章行为的思想因素。

e. 从众心理。从众是指个人受到外界人群行为的影响，而在自己的知觉、判断、认识上表现出符合于公众舆论或多数人的行为方式。通常情况下，多数人的意见往往是对的。服从多数，一般是不错的。但缺乏分析，不做独立思考，不顾是非曲直的一概服从多数，随大流走，则是不可取的，是消极的"盲目从众心理"。

f. 逆反心理。逆反心理是指人们彼此之间为了维护自尊，而对对方的要求采取相反的态度和言行的一种心理状态。在青少年中常会发现个别人"不受教""不听话"，常与教育者"顶牛""对着干"。这种与常理背道而驰，以反常的心理状态来显示自己的"高明""非凡"的行为，往往来自逆反心理。

g. 抢时心理。生产工作中，常出现为赶任务、抢时间而违章蛮干的现象。任务越急，时间越紧，越容易出差错，越应注意安全，越需要专人监护。但在实际工作中常为赶时间、抢任务而忽略安全措施，免去必要的检查，因人员紧而取消监护人员，以致多人违章而造成重大事故，一些化工生产装置在检修中发生的事故多与此有关。

(2) 开展事件征集对违章心理的安全教育

在班组安全教育培训中，应采取对策消除违章心理，开展事件征集分析活动就是一个好方法。事件与事故有区别。工作中"吓一跳"，就说明差一点发生事故。这是没有受到伤害的"事故"，也叫未遂事故。在班组安全教育中，哪位员工有"吓一跳"的经历，就让他向大家介绍一下经过，大家一起分析违章或失误的原因，提出避免事件重复发生的措施，使大家都受到教育，主动去查找身边的违章现象。

开展事件征集分析活动有几点好处：可弥补事故案例的不足，事件案例比事故案例多，把无伤害事故当作伤害事故来分析，更能使员工吸取教训，受到教育；对于没有违章的无伤害事故，可从中吸取教训，研究可靠的措施，完善安全操作规程；无伤害事故没有后果，只分析原因，不承担责任，不影响当事人的收入和荣誉，阻力小，易开展；对收集的案例进行整理，将典型的案例应用在以后的教学中，丰富安全教育教材的实践性和教学的生动性。

70. 职业安全健康管理体系与班组安全培训

(1) 安全教育培训的内容

OSHMS（职业安全健康管理体系）中明确规定：用人单位应建立并保持一套程序，确定必要的能力要求，制订并保持培训计划，以确保最高管理者和全体员工能够完成其承担的任务和职责，并根据其教育水平、工作经验和接受过的培训对其能力进行鉴定。应定期评审培训计划，必要时予以修订以保证其适宜性和有效性。培训程序中应考虑不同层次员工的职责、能力和文化程度以及所承受的风险。

　　a. 思想教育，营造安全文化。OSHMS 的管理方针要求承诺持续改进和遵守法律，对员工的思想教育，其核心应放在职业道德教育上，企业应该把培育员工的职业情感、树立爱岗敬业的观念作为抓好职业道德教育的重要内容，激发员工的主人翁责任感，激励员工崇尚高尚的职业理想，遵守职业道德。

　　b. 岗位培训，提高安全素质。岗位培训是生产技术人员培训工作的重点，其目的是使员工更好地胜任本职工作，控制作业过程中的风险。这是一项经常性的培训，它的实施应该面向实践，注重实际能力的培养，有效地提高生产技术人员队伍的整体安全素质。它既是一种干什么、学什么、缺什么、补什么的学用一致的安全培训活动，也是企业生产、经营管理本身不可缺少的内容。

　　c. 继续教育，推动安全发展。继续教育内容的主体是新知识、新理论、新方法，以及适应知识经济时代需要的新技术、新理念。比如，安全管理知识的培训、应急预案的培训、安全法律法规的培训等。对员工的继续安全教育不仅是对人的教育的延续和补充，而且在安全科学知识的传播、安全技能的迁移、创新精神的开启、人才开发的催化、人才结构的调整等方面，都发挥重要作用。继续安全教育的过程是员工主动、积极、有效地接受、吸纳安全科学知识的过程。只有提高了班组管理人员的素质，才能有效推动企业安全文化的发展，达到不断优化的目标。

　　d. 超前培训，加速技术转化。企业要在思想上、技术上、设备上做好"更新换代"的准备，对班组员工进行超前的安全技术培训，使其掌握新的操作技能、新的质量要求标准。这样，引进的新技术就会迅速转化为生产力，转化为经济效益。这也从另一方面体现了体系管理核心思想就是持续更新。

　　(2) 如何做好班组 OSHMS 安全培训

　　a. 培训需求表达。传统的做法是在年底，企业各单位、部门将培训需求报培训部门，这是一种有计划的主观的安排，未把培训内容和风险管理相结合，使得一些有着更多实际意义的培训需求无法体现。比如，某班组需要进行"班组长安全培训"，但无法明确安全培训的具体内容，这种需求无疑是空洞的、定式思维的结果，操作性不强。

b. 安全教育培训方式。传统的教育培训无外乎一张讲台几排桌子，一个教室一群学员。随着知识经济时代的到来，企业不应拘泥于培训形式，应该强化"学习是第一需要"的思想。

与有关院校合作办班，请人授课，外围培训，这些都是已经被证实的很好的教育培训方式。从经济利益和培训含金量的角度考虑，"因岗而异，因需施教"是不错的选择。传统的安全学习日也是一种很好的培训方式，可以学习许多实际的操作规程，解决许多实际的生产技术之外的问题。

c. 绩效评估和激励。培训绩效的评估是对参加安全培训的员工接受安全培训教育的总的评价，它不仅应包含知识运用情况、技能提高表现以及培训后的主要业绩，更应该是对受培训人员的投入与产出效益的一种对比估算。所以培训绩效的评估不应该只是填表而已，它应该为安全管理的持续改进提供依据，应该是一个动态的、长期的、不断优化的行为。

激励就是通过客观或主观因素，将员工的潜在安全工作能量激发出来，也就是常说的把"要我学"通过某种激励手段转变为"我要学"。激励最有效的办法是体制的变化，如员工的竞争上岗和待岗机制的运作，极大地提高了员工学习的积极性，使班组全体员工都认识到"能者上，庸者下"这一适合时代竞争的法则。

总之，班组的安全教育通过职业安全健康管理体系的运作，其内容更加丰富，方法更加新颖，是提高班组安全教育质量的有效之举。

71. 信息在班组安全培训中心的应用

安全信息分为一次安全信息和二次安全信息。一次安全信息指生产活动过程中的人、机、物客观安全性，以及事故现场。二次安全信息包括安全法规、条例、政策、标准、安全科学理论、技术文献、企业安全规划、总结、分析报告等。安全培训常用的是二次安全信息，当然也会用到一次安全信息。

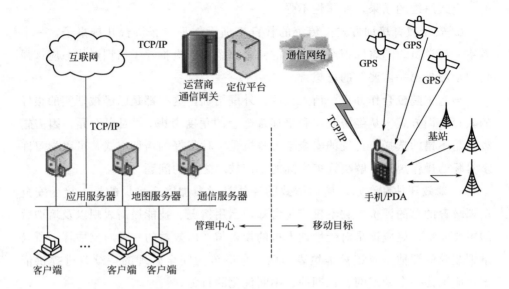

(1) 安全信息在安全培训中的作用

班组在安全培训过程中，合理运用安全信息具有间接预防事故的功能。在生产过程中，人的各种异常行为，物的各种异常状态等大量不良信息，均是导致事故的因素。通过安全培训将其告诉受训人员，间接地起到预防事故的作用。

(2) 安全信息的收集方法

安全信息既来源于安全工作和生产实践活动，又反作用于安全工作和生产实践活动，促进安全管理目的的实现。因此，对安全信息的应用管理，要抓住安全信息在安全工作和生产实践中流动这个中心环节，使之成为沟通安全管理的信息流。安全信息收集方法如下：

一是利用各种渠道收集安全生产方针、政策、法规和上级安全指示、要求等。二是利用各种渠道收集国内外安全管理情报，如安全管理、安全技术方面的著作、论文、安全生产经验、教训等方面的资料。三是通过安全工作汇报，安全工作计划、总结等形式，收集安全信息。四是通过开展各种不同形式的安全检查和利用安全检查记录，收集安全检查信息。五是利用安全技术装备，收集设备在运行中的安全运行、异常运行及事故信息。六是利用安全会议记录、安全调度记录和安全教育记录，收集日常安全工作和安全生产信息。七是利用事故登记、事故调查记录和事故讨论分析记录，收集事故信息。八是利用违章登记、违章人员控制表，收集与掌握人的异常信息。九是利用安全管理月报表、事故月报表，定期综合收集安全工作和安全生产信息。

(3) 应用安全信息应注意的事项

　　a. 信息的灵活性。认识到安全信息在班组安全培训中的重要意义后，培训者在进行培训前除了灵活运用以上九种收集方法外，也可在培训中发动学员，以案例征集的形式把他们在生产过程中的突发事件进行收集并开展讨论分析、当这些事件发生在自己身上时，自己会怎么做。当然在收集时，应该让学员认识到提供信息是为了教学，是为了事故预防，不是为了互相亮家丑。

　　b. 信息的及时性和新颖性。信息如果不能及时地收集、使用，就失去了应有的作用。及时获得信息对于人们的正确决策有着非常重要的作用。信息都具有一定的时效性，过了时效就不再具有价值或者价值大幅度下降。一般来说，获得新颖的信息比仅获得及时的信息更有价值。如果说及时信息能够帮助企业把握住机会，那么新颖信息则可以为企业创造机会。

　　c. 信息的准确性。收集到的信息如果不真实或不完整，会影响信息的使用效果，还有可能失去其使用价值，甚至导致做出不符合实际的决策，贻误了安全管理工作。例如有一名高处作业人员没有按规定系安全带，原因是没有安全带，领导就决定让他进行高处作业。在收集此信息中，如果只收集到高处作业人员没有系安全带的违章作业行为，没有掌握到领导违章指挥的全部事实，这样在使用高处作业人员没有系安全带这个信息时，就会因对信息掌握不全而影响信息使用的全部价值。其结果是只解决了高处作业人员的违章作业问题，而没有解决领导的违章指挥问题。

　　d. 信息的适用性。在应用安全信息加强安全管理中，收集掌握的安全信息，有的是储存的、直接加以使用的，有的是需加工后使用的。由于安全培训的需求和使用的时间、使用的方式、使用的对象不同，这样安全信息的适用性就决定了其使用价值。只有适用的安全信息才有使用价值。

　　总之，在班组安全教育培训中心，在应用安全信息时，除要注意收集、选择直接能应用的信息外，还要学会加工处理信息，使其具有使用价值，才能更好地发挥信息的作用。

72. 班组安全教育力求"大突出"

(1) 内容突出针对性

班组安全教育的内容广泛，在很短的安全活动里，只能集中精力解决一两个突出问题。面面俱到，胡子眉毛一把抓，很难收到良好的效果。要精准发力，就要抓好"关键少数"，这是开展班组安全教育的重点。"风成于上，俗化于下。"开展班组安全教育，必须抓好"关键少数"，既要学在前，更要做在前，真正摆正位置，班组长带头落实安全教育的各项任务，不走过场，真正从自身素质提升、解决问题成效、员工评价反映等方面评估安全教育效果，推动形成上行下效的生动局面。

(2) 对象突出层次性

班组安全教育不能只有一个模式，不能新老员工"一锅煮"。要根据员工的工作年限、违章违纪等情况，划出不同层次，依据各个层次的实际情况，对症下药，确定不同的教育内容，做到"一把钥匙开一把锁"。要坚持分类指导，这是开展班组安全教育的关键所在。绝不能搞"一刀切""一锅煮"，要根据不同领域、不同行业、不同班组的特点，对班组安全教育的内容安排、组织方式等提出具体要求，把班组安全教育各项任务具体化、精准化、差异化，防止"上下一般粗、左右一个样"，防止形式主义，让班组有更多的时间抓工作落实，切实增强班组安全教育的针对性、生动性和实效性。

(3) 形式突出灵活性

班组安全教育的形式要多样化，灵活安排，切忌一个模式，要因地制宜，可采取黑板报、安全知识竞赛等员工喜闻乐见的形式。

一要有计划。计划要与员工的工作或日常生活紧密结合。安全学习要持之以恒,不能搞形式主义,不要热一阵、冷一阵、紧一阵、松一阵。

二要动"脑"和"手"。安全学习应打破基层领导唱独角戏,口头上说说,学学文件等做法。要让员工既动"脑"又动"手",避免一学了之,左耳听右耳出的现象。安全学习后,可根据作业规程、安全措施、当前安全重点以及工作中遇到的难题,以每周一题的形式布置家庭作业,让员工动"脑"动"手",使安全观念入"脑"入"心"。开展每周一题活动以来,班组安全生产呈现良好态势,"三违"人数逐年下降。事实证明,通过这种家庭作业的方式,能让员工在做作业的过程中受到潜移默化的安全教育,养成在工作中自觉遵章守纪的习惯。

三要寓教于乐。要开展一些形式多样的安全活动,使员工觉得参加这种活动很值得,时间没白费,不至于产生逆反心理,这样班组安全活动就会越做越顺手。班组开展的员工安全生产技能运动会,将"安全誓言"、岗位技能、排除隐患能力等设置在运动项目中,让员工在活动中既得到快乐,又从活动中受到一次安全教育。

(4)语言突出趣味性

语言是班组安全教育中安全思想的直接体现,是使用最广泛、最基本的信息载体。安全教育过程就是安全知识的传递过程。在整个教育过程中,安全知识的传递、员工接受安全知识情况的反馈、教育者与员工之间的情感交流等,都必须依靠语言来完成。因此,教育者的语言表达方式和质量直接影响着员工对安全知识的接受,教育者的语言直接影响着员工的学习评价,所以说教育者的语言艺术是班组安全教育艺术的核心,是班组安全教育成败的关键。

(5)事例突出典型性

班组安全教育少不了列举事故案例,要注意改变案例只讲远、不讲近,只讲大、不讲小,一个案例讲半天的状况。要根据班组安全教育的内容,精心选择具有普遍性和代表性,能引起员工警觉的案例,这样效果会更佳,所进行的安全教育也会对员工起到提升和警醒作用。

73. 安全宣传教育不能程式化

有这么一个事故案例：某厂一名青年工人在操作车床时，不慎右手被卷入旋转的工件中，鲜血直流。慌乱中，他急忙用毛巾包扎手部，鲜血染红了整条毛巾。事后，车间领导把这条血迹斑斑的毛巾挂在车间黑板报处，并附以醒目的文字说明，让大家时刻牢记这一事故教训。"前车之覆，后车之鉴；前事不忘，后事之师。"用悬挂血毛巾的形式，宣传事故的安全教训，就是一种较好的安全教育方法。它让班组广大员工头脑中警钟长鸣，牢记血的教训，重视安全生产，收到较好的宣传教育效果。

某厂每月发工资时，每位员工都能从工资袋里拿到一张有关安全生产的宣传卡片。员工每月总要看一看工资袋里的安全宣传卡片，从而得到一次安全思想的洗礼，安全知识的学习。一般来说，发工资之日，员工的心情都比较舒畅。工资袋里放"安全宣传卡片"，能抓住安全生产宣传的最佳时机，更容易为广大员工所接受。这种安全宣传形式新颖，既细水长流，又做到家喻户晓，一个不漏。久而久之，这种安全宣传形式，使"安全第一，预防为主，综合治理"的安全生产方针深入人心，成为员工的自觉行动。

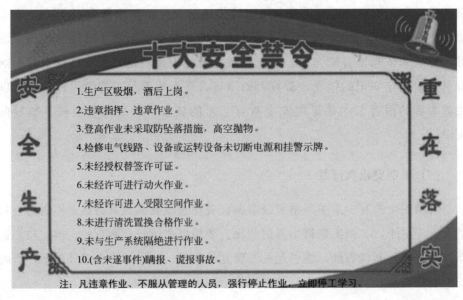

安全工作是一项科学性很强的综合性的技术工作。它是企业管理的重要组成部分，安全生产的好与坏，直接反映了企业管理的状况。因此，搞好安全生产的宣传教育工作，是很有必要的。笔者认为，安全生产的宣传不能靠"贴标语、拉横幅、抄黑板"的呆板单调做法，应该在宣传内容上、形式上、方法手段上不断创新。

企业领导和安全干部对班组员工的安全宣传常常被一些员工称为"敲木鱼"。思想上的"隐患"是造成大多数工伤事故的根源。因此，不失时机地"敲木鱼"，使班组员工在思想上时刻保持警惕，是很有必要的，能够起到提醒、督促员工重视安全生产的作用。"敲木鱼"时，也要讲究工作方法，不能单一化，不能乱敲一气。有些班组的领导，布置生产洋洋洒洒、头头是道，布置安全则一言以蔽之："大家要注意安全生产！"如果班组领导每天干巴巴地说几句"要注意安全呀"之类的话，久而久之，员工听腻了，自然也就起不到作用了。因此，"敲"安全教育的"木鱼"应有的放矢、联系实际、因人而异、因事而异、因时而异，真正敲到点子上。

总之，在班组安全宣传教育的方法中，企业各级领导在进行安全生产宣传教育时，应多想出新办法、多谋出新点子、多闯出新路子，让"安全生产"这四个字自然"流入"员工心田，从而转化为每个员工的自觉行动。

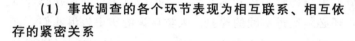 安全教育要掌握事故调查中的哲学

进行事故调查的一个根本目的，就是预防事故甚至最终消灭事故。为实现这一目的，事故调查必须遵循基本的哲学原理，这也是班组安全教育的一个课题。

（1）事故调查的各个环节表现为相互联系、相互依存的紧密关系

事故调查的主要任务是查找事故原因，总结事故教训，制定和落实预防事故、改进工作的措施。这是事故调查的精髓所在，是事故预防的根本途径。

事故原因是按照事故致因理论，采用取证、实验、推理以及其他科学方法，对符合事故发生实际情况的各种诱因和机理的客观描述，是对各种事故现象的本质认识，是对一起事故特殊规律的理性认识，同时也是总结事故经验教训的基础。

预防措施是针对事故原因提出的预防事故发生的一系列办法，是对事故各相关诱因的总结提炼和对事故经验教训的高度概括，是对同类事故和更多事故一般规律的认识。这种认识，可以直接用于能动地指导事故预防工作。预防措施通过实践检验，证实是可行的，就可以上升到更高的层次，作为预防事故的方针、政策确定下来，待条件更加成熟，就可以用法律的形式固定下来。因此，正确的预防措施也是制定以预防事故为主要目标的安全生产方针、政策和法律的依据。

(2) 事故调查过程是辩证唯物论的认识论的运用过程

一个事故的发生，往往是多种原因共同作用的结果，包括组织管理方面的差错、人为因素、部件失灵、偏离正常操作条件、外界干扰和自然力量等，十分复杂。事故调查组要通过记录事故现场情况、收集物证、询问事故目击者、提取相关人员口供、查阅大量资料等工作，获取有关资料，形成对事故发生过程的感性认识。然后，通过对感性材料的整理、改造和综合，经过概念、判断和推理的阶段，必要时结合科学实验和研究，逐步形成对事故发生过程的完整认识，从而抓住事故的本质、事故的全体和事故的内在联系，得出符合逻辑的事故发生机理的结论，即客观地描述事故发生的原因，达到对事故更深刻、更正确、更完全的认识。

尽管事故的原因已经找到，但这只是关于该起事故发生原因的认识。为预防同类事故和更多事故再次发生，还需要对事故的原因进行进一步提炼、总结，举一反三，拿出对这类事故和更多事故的规律的认识，来指导预防事故的行动，亦即制定出预防事故的更全面的措施。

预防措施制定以后，事故调查工作并未完结。人们的认识行为，在感性认识上升到理性认识后，还必须经过实践的检验。人类认识的历史告诉我们，许多理论是不完全的，要经过检验而纠正它们的不完全性；许多理论是错误的，要经过实践的检验而纠正其错误。这些预防措施是否正确可行，需要把它应用于预防事故的实践，通过实际工作成效来检验，看它是否能够达到预想的目的。

(3) 事故调查离不开辩证唯物论的方法论的指导

a. 实事求是的方法。事故调查与司法调查的方法、手段不同，虽然同样要询问有关人员，但是对于取得的口供，只能作为说明事实的旁证，而不是证据，因为口供受被访问者很多因素的影响，难以保证其真实性，要靠深入细致的调查分析工作和科学实验手段判明。判明口供真伪仅是为了启发思考，而不是作为对事故下调查结论的依据。如果以口供作为证据下结论，容易与事实真相、事故本来面目、事故发生的客观规律产生偏差，使据此提出的预防措施错误，失去事故调查的意义。除了要问询相关的人员外，更重要的还要充分发掘现场的物证、前兆等因素。

b. 逻辑推理的方法。调查中得到的材料十分丰富又支离破碎，要完全地反映整个的事物，反映事物的本质，反映事物的内部规律，就必须经过缜密的思考，将丰富的材料加以去粗取精、去伪存真、由此及彼、由表及里，这样才能得出正确的结论，才能完成从感性认识到理性认识的飞跃。

c. 科技领先的方法。事故调查结论必须以事实为依据，建立在对现场、物证等的科学分析基础之上。但是，很多事故往往缺少直接的物证，许多物证由于事故巨大的破坏力根本不可能存在，这就需要充分利用现有的科技手段并认真分析、判断、实验，通过仿真、模拟技术来辅助分析、判断、验证，不能靠口供、猜测、想象来了结事故观察工作。这样得出的事故调查结论，才经得起历史的检验。

总之，在班组安全教育中，应当让班组员工学会一些事故调查的方法，掌握哲学的基本原理和方法，用哲学的思维去调查分析事故。这样班组员工就能把发生的事故自己先分析清楚，进而对预防事故起到重要的作用。

75. 应加强对架子工班组员工的安全培训

建筑架子工属于特种作业人员，登高架设是主要的工作。根据安全监管部门近几年的统计，建筑行业伤亡事故最多的是高处坠落和物体打击，而这两者均与架子工的操作和安全意识有关，究其原因，有以下几个方面：

a. 高层建筑增多，相应登高架设作业量加大。

b. 新型架设设备和垂直运输手段使架子工作业面加宽，接触了很多新设备、新工具、新技术。而这些与传统的操作有区别，其安全技术要求也不同。

c. 工地第一线作业的工人中，民工或新工人占40%～60%。他们的安全意识和安全技术操作水平低，专业知识不足。

d. 部分施工单位认为架子工忙闲不均，因而取消了架子工班组，组织混合作业队，让不熟悉专业技能的工人登高作业。

e. 安全教育和技术培训流于形式，培训内容不结合生产实际，只罗列规章规范，枯燥乏味。

（1）在培训中应教育员工树立牢固的安全操作观念

a. 树立正确的职业道德。在岗位操作规范中有道德规范，其内容主要包括：遵守宪法、法律、法规、国家的各项政策、各项安全技术操作规程及本单位的规章制度；应树立良好的职业道德和敬业精神。

b. 应明确架子工是服务型、辅助型工种。其他工种都需要架子工的配合和安全保障，架子工要甘当配角。

c. 脚手架的搭拆质量事关重大。脚手架的搭设质量关系其他工种的质量、安全和效率，架子工的操作维系着个人和他人的安全，因此，必须要有全局观念。为发现和消除隐患，成熟的施工员或工地管理者都愿意聘请工作经验丰富的架子工为兼职安全员，作为自己的重要助手。

d. 严格限制登高疲劳作业。多次人身事故表明，疲劳作业是事故的重要原因，架子工的工作往往安排在其他工种的停歇时间，不能正点上下班。架子工体力劳动繁重、危险性大，不适于在无照明的条件下操作，更不能疲劳作业。

(2) 在培训中要考察身体条件和适应能力

在民工或新工人中挑选和培训架子工时，要根据架子工的操作特点，考察其身体条件和适应能力。

架子工登高架设作业多、负重多、室外作业多、危险多，对身体条件应有严格要求。凡患有高血压、心脏病、贫血病、癫痫病以及不适于高处作业疾病者，不得从事架子工作业。从业人员最少每2年检查一次身体。在班组内应设专人关注作业人员的心理状态，例如烦躁、忧愁、精力分散等。实践证明，伤亡事故容易发生在这些人身上。

架子工应胆大心细，有较好的心理素质，切忌冒失鲁莽、爱出风头、逞能、马虎大意。

在培训架子工时，应强调在搭拆作业中，要全神贯注，脑手脚腿并用，上下呼应，左右示意，应学会在四面临空的架子上既能确保自身安全，又能顺利操作的技能。例如，用脚和腿把身体固定在架子上，腾出双手进行操作，也能用一只手和腿固定，另一只手和腿操作。能在架子上上下左右移动，并能在任何地点提升或传递重物（如拔杆、递杆、翻板等）。初级工在开始培训操作时，必须有专人指导，应先下后上，先里后外，逐步升高，逐步适应高处作业。培训中应掌握循序渐进原则，使其身体状况和心理状态逐渐适应操作要求。

(3) 加强基本操作技能的培训

a. 根据员工技能标准，架子工要兼任起重工（或吊装工），应掌握两个工种的基本操作技能。二者在操作和使用工具上，虽然有相近处，但应各有侧重。随着二者的新技术、新工具、新设备的不断出现，只能是"一专多能"。

b. 脚手架经历了由竹木到金属、由简单功用到组合式脚手架的发展过程，一次培训不可能掌握所有类型脚手架的知识和操作。当采用新型脚手架时，可通过短期培训和实习来解决。但这必须是在掌握了基本操作技能的基础上进行，因此，基本操作技能应是日常培训的重点。

总之，我国现代化建设飞速发展，架子工的作用越来越大，由此带来的安全问题也越来越重要。在安全生产中，只有培训好架子工，才能解决好架子工的安全工作问题，由此，班组对架子工的安全培训尤为重要。

76. 加快班组安全教育培训社会化进程

新时期班组安全教育面临一些新变化。如何确立新的理念、采用新的举措、探索新的机制，进一步加强和改进班组安全教育工作是迫切需要研究和解决的新课题。企业员工安全教育培训社会化是在新的历史条件下催生出的一种新的工作状态，是企业员工安全教育培训工作的发展趋势。当前应当着重从以下几个方面来加快推进企业员工安全教育培训社会化进程。

(1) 树立新理念

观念是行动的先导，推进企业员工安全教育培训社会化，构建开放的企业员工安全教育培训新机制最重要、最根本的一条是员工安全教育培训的组织者和参与者真正从思想上提高对推进员工安全教育培训社会化的重要性、迫切性的认识，树立人本化、市场化、法制化的理念。

a. 人本化理念。确立员工安全教育培训人本化的理念，就是一切从员工自身发展的需要出发，了解员工对安全教育培训的需求，促进员工个人的全面发展。员工安全教育培训工作要着眼于经常化、长期化、系统化，努力营造终身学习的氛围，努力为员工安全教育培训提供多样化的产品和优质的服务。

b. 市场化理念。树立员工安全教育培训市场化理念，就是依据市场经济竞争择优、自主开放的特点，建立以需求为导向、计划调训、自主择训与竞争参训相结合，组织推动与市场拉动互相作用的充满生机与活力的员工安全教育培训的组织形式。安全教育培训要引入市场竞争机制，因员工安全教育培训需求决定员工安全教育培训的市场，员工安全教育培训的需求和质量决定员工安全教育培训的经济效益，要进一步实行开放教学，共享全社会的优质安全教育培训资源。要树立人才资本的观念，树立对员工进行安全教育培训是最具经济效益和社会效益的投入。要树立安全教育培训需要组织、社会、个人等各方面多元化投入的观念。

c. 法制化理念。员工安全教育培训社会化，必须树立法制化理念。要完善员工安全教育培训市场法规体系，强化对员工安全教育培训市场的公开评估和有效监管，营造公开透明、竞争有序、运作规范、诚实守信的市场体系。要依法维护各级各类员工参加安全教育培训的合法权益，保证安全教育培训工作的开放性和有序性。同时，要树立员工安全教育培训是法定义务的观念，员工每工作一段时间，必须强制性地接受安全教育培训，使员工安全教育培训从行政管理转向依法管理。

（2）搭建新平台

采用市场经济的运行机制，从适应大规模培训员工的需要和进一步加强与改进员工安全教育培训工作的要求出发，搭建员工安全教育培训新平台，是推进员工安全教育培训社会化的基础工程。

a. 通过行政手段和市场手段相结合。对现有的员工安全教育培训资源进行整合。整合安全教育培训资源要打破行政隶属关系，通盘考虑全社会的安全教育培训资源，以提高安全教育培训的效率为出发点和落脚点，科学合理地确定员工安全教育培训机构的规模、专业设置和地域分布。

b. 开发新的员工安全教育培训资源。根据员工安全教育培训的新需求，调整员工安全教育培训经费的划拨方式，发挥资金对员工安全技术与培训的调节作用。对需要开发的新的培训项目，通过对培训资源的评估，择优选定项目开发机构，由安全教育培训的主管部门给予其一定的起步资金，然后拉动市场化运作，培育和开发出适应员工安全教育培训需求的新的安全教育培训资源。

c. 运用市场手段培育"员工安全教育培训产品超市"。员工教育培训主管部门根据员工的能力素质要求和员工的安全教育培训需求，向全社会安全教育培训机构发布员工安全教育培训产品目录，采用市场招标的形式，设计制造出门类齐全、内容丰富、形式多样、质优价廉的"员工安全教育培训产品超市"，搭建覆盖安全理论、安全专业知识、安全基本技能、安全学历学位等内容的新的员工安全教育培训平台。

d. 运用网络技术开发虚拟安全教育培训基地——网上教育培训中心。建立网上教育培训中心是推进员工安全教育培训社会化的一种有效手段，也是一种新型的安全教育培训平台。员工安全教育培训主管部门研究制定出不同层次、不同岗位员工安全教育培训教学大纲，面向社会招标，按教学大纲制作网上教学电子产品，并通过开发相关的管理软件，实现异地分散适时学习培训、考试测试和全过程的培训档案管理。网上培训中心的建立可以使员工安全教育培训实现自主性和互动性，既较好地解决了教学资源的时空限制，使人们可以共享丰富的优质教学资源，又能满足员工安全技术与培训教学层次和内容多样性的要求，还能切实地解决好工学矛盾。

(3) 创新新机制

员工安全教育培训社会化的组织形式是按照市场机制运行的，参训人员的组织具有开放性，培训机构的选择具有竞争性，培训秩序的维护具有规范性。因此，创建社会化安全教育培训机制，是实现员工安全教育培训社会化的基本前提。

a. 建立员工主动参加安全教育培训的约束与激励机制。通过制定员工继续教育培训制度、员工安全教育培训考核制度、员工安全教育培训与使用相结合的制度等，规定各级各类员工应具备的安全理论、安全专业知识、安全基本技能和安全工作能力的基本标准及达标时限。对各级各类员工在一定的时段内必须接受安全教育培训的内容、标准、时间做出明确规定，并赋予其一定的法律效力，变"要我学"为"我要学"，由员工本人结合自身实际，自主选择安全教育培训的内容、时间、地点和形式。

b. 建立员工安全教育培训机构评估机制。由员工安全教育培训主管部门从社会遴选一批涵盖各类安全教育培训的专家，设立安全教育培训评估专家库。需要对某一具体安全教育培训项目进行评估时，从专家库中抽选相应的专家组成项目评估小组，独立承担评估职能。通过制定"员工安全教育培训评估工作意见"及"员工安全教育培训资质评估标准"，明确资质评分办法、培训资质等级划分办法和培训资格确定办法。通过评估，确定培训机构的资质等级，以评促建，以评促改，进一步优化安全教育培训资源。

c. 建立培训项目的市场竞争选择机制。通过"员工安全教育培训项目招标意见"和"员工安全教育培训项目招标实施办法"，对各类安全教育培训项目实行公开招标，择优选择培训机构，确保员工安全教育培训的质量和水平。

总之，新的时期，企业员工的安全教育培训，必须树立新观念、搭建新平台、创新新机制。这样，才能适应企业安全工作的需要，才能适应全面建成小康社会的需求。

77. 安全学习是促进员工成才的途径

随着知识经济的到来，人们愈加强烈地认识到，唯有学习成才，才能对种种变化做出最及时、最全面的反应。反之，则难以生存和发展。身处这一特殊环境的班组长们，对此不能等闲视之、无所作为，而应积极充当"导演""老师"的角色，给下属架起一个成才的梯子，让下属有效地学习、成长、创新。这既是班组长的职责所在，更是新阶段对班组长提出的新要求。

（1）确立集体成才的观念

班组的安全工作离不开人才。有的班组长乐观地认为，只要班组有几个拔尖的人才作支撑就行了。事实证明，一个班组要在竞争中有大作为、大发展，绝非一两个人才所能实现，必须依靠群体性人才。因此，班组长既要做好顶尖人才的培养，又要重视班组全体员工群体智力的开发，通过确立共同的目标，提高全体员工持续学习的能力，激活班组的整体战斗力，这样才能在竞争中立于不败之地。

（2）树立下属效仿的标杆

一是用高尚的品格吸引下属；二是用勤奋学习带动下属；三是用踏实的工作凝聚下属。每个下属都希望自己的领导是实干家，而空头演说家。这就要求班组长在工作中要真正俯下身子，踏踏实实地干，给下属树立起学习的榜样。一般来说，在一个工作热情高的班组长的领导下，下属会产生一种紧迫感，这种紧迫感会充分调动下属的安全生产积极性，促使其不断释放安全工作潜能。班组长与下属之间一旦形成对安全生产目标的一致性，凝聚力、战斗力也就会随之增强。

(3) 当好引领下属成才的老师

首先，要发挥指路人作用；其次，要发挥责任人作用。班组长对员工成才投入的精力有多少，员工成才的动力就有多少。因此，班组长要有第一责任人的意识，把自己融入员工成才的过程中。

(4) 打造催生下属成才的空间

一是营造不进则退的成才环境；二是建立合理的"充电"机制；三是形成流动式"放电"岗位。员工在不间断的学习和实践中，能力和学识也随之"升级"，对原有岗位来说其掌握的知识已形成饱和或过剩状态，若不及时给他们加高攀登的梯子，下属容易产生消极懈怠心理，造成安全知识资源的浪费。所以，班组长要有"你有多大能耐，就给你搭多高的梯子"的气魄，在考虑全局的基础上，尽可能形成一种新型的、流动式的"放电"岗位，让下属所掌握的安全新知识能在最短的时间内在新岗位上及时得到发挥。

78. 把解决安全问题贯穿于安全教育始终

(1) 要在深入调研、切实找准问题症结上下功夫

找准问题症结是解决问题的前提，也是班组安全教育活动面临的课题。只有把解决的主要问题弄清楚，才能选准安全教育活动的突破口，增强安全教育活动的针对性和有效性。然而，一些班组对这个问题不够重视，把握不够准确：有的调查摸底不深不细，所找的问题缺乏普遍性和典型性；有的仅凭平时掌握的情况和"想当然"办事，没有抓住问题的要害和实质；有的则是问题不明决心大，关起门来定计划，结果导致安全教育活动无的放矢，收效打折。要把员工中存在的主要问题弄清找准，必须专门组织力量深入调查研究，切实把各种安全生产问题搞清楚。一是要上下结合找问题，就是要教育和引导全体员工解放思想、开动脑筋，层层揭露矛盾，查找问题。二是要发动员工查找问题，基层员工对班组存在的安全工作问题看得最清楚、了解最直接、感受最深

刻。三是要综合比较找问题。这就需要采取综合比较的方法，由表及里、去伪存真，对查出的问题进行梳理归纳，从中找出其主导制约作用、影响班组安全生产的突出问题。尤其要注意抓住安全思想、安全作风、安全职责、安全能力素质方面的差距和不足，切实把产生问题的深层次原因分析透、搞清楚。这样，解决问题才能有的放矢。

(2) 要在抓住重点、着力解决突出问题上下功夫

班组安全教育活动是其安全生产的立命之本，事关班组能否顺利完成生产任务的大事。但在新的形势下，班组的安全生产工作还存在一些不相适应、不相符合的问题，集中表现为有的员工安全信念不够坚定，安全意识有所淡化，安全精神状态比较低沉，安全综合素质偏低，自身安全要求有失严格。这些问题的存在和滋长，无疑会影响安全工作能力的发挥。因此，提高班组安全教育活动的成效，关键是要下功夫解决员工队伍中存在的"不相适应""不相符合"的突出问题。

(3) 要在扎实整改、务求取得实效上下功夫

整改提高是解决班组存在问题的重要环节，也是确保班组安全教育活动取得实效的关键。当前值得注意的是，一些班组对整改提高抓得不实，满足于分析评议搞过了，重点问题检查了，制定整改措施不够认真；有的班组即使制定整改措施，也是为了应付上级检查，下功夫具体抓落实不够。解决这些问题，应重点把握好三个环节：一是整改要有明晰的思路；二是整改要有严格的要求；三是要有实践的检验。

总之，班组安全教育活动的开展，其主要目的是解决问题。把解决问题贯穿于班组教育活动的始终，是班组安全教育的落脚点。在班组安全教育活动中，在查找问题上下功夫，在解决突出问题上下功夫，在取得实效上下功夫，实乃班组安全教育的真谛。

79. 班组安全教育须注重员工创新思维能力的培养

创新是现代安全管理的必备能力，是企业安全管理者基本素质的综合反映，而创新能力的核心是创新思维能力。创新思维是指人们在已有的经验基础

上发现新事物、创造新办法、提出新方案、做出新决策、解决新问题的思维活动。它的基本功能就是产生出前所未有的新成果。班组员工在安全生产中的创新思维，也同其他能力一样，是可以培养、锻炼和提高的。

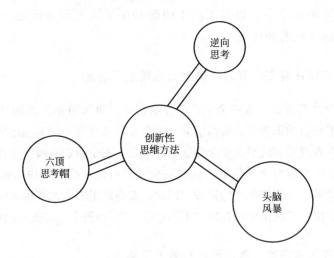

（1）打破思维定式是创新思维的前提

思维定式是指思维主体在思维活动中形成的一种稳定的倾向或习惯的思维方式。思维定式一旦形成，就会使人们自觉不自觉地从某个固定的角度去认识和思考问题，造成一种习惯的行为方式。不可否认，思维定式对于解决经验范围以内的常规性问题是有用的，它可以使我们的思维驾轻就熟、简捷、快速地对问题做出反应。但是它对于创造性地解决问题，则是一种障碍。它的局限性在于当我们面临新情况、新问题需要创新时，它会变成一种"思维枷锁"，阻碍新观念、新思维的产生，使人们无法跳出框框、打开思路。在我们的周围，有这样的班组领导：决策时，往往是没有"红头文件"等文件，有了文件等政策，有了政策等安排，有了安排等别人出经验。这种思维方式实际上是书本定式、经验定式、权威定式，其弊端是唯上唯书、循规蹈矩、按部就班，毫无与时俱进、开拓创新之意。这种思维定式是阻碍创新思维的重要因素，是创新思维的大敌。作为新时期的班组长，只有打破已有的思维定式，给心灵松绑，冲破陈规旧习的束缚，掌握一种适应时代要求的、具有多维性与广阔性的思维新视角，才能使自己思考问题的路子新、观察事物的角度新、决策问题的方法新。

(2) 知识积累是创新思维的源泉

雄厚的安全知识积累是安全工作创新思维的源泉。虽然一个人的知识越多并不意味着创新思维的能力越高,但知识却为创新思维提供了有效的智力支持。没有一定量的安全知识积累和一定质的安全知识升华,安全工作创新思维将无从谈起。勇于创新的班组领导,必定将求知的触角伸向更新、更广阔的知识领域。首先,必须具备比较全面、厚实的理论基础,广泛涉猎哲学、社会学、心理学等各类学科以及系统论、信息论、控制论等现代科技理论。其次,要具备创新的相关知识,才能使班组领导们掌握创新活动的规律,让头脑插上创新思维的翅膀。

(3) 掌握创新原理是创新思维的基础

a. 陌生原理。班组领导要带着陌生、好奇的眼光去审视周围的一切事物,即使是熟悉的事物也不例外。不要总以为周围的事物都已司空见惯,只要细心观察,总会有所发现。为此,要遵循两条原则:第一,将熟悉的事物看作陌生的,按新的观念进行审视。当一个班组领导在某个班组工作久了以后,对周围的人和事,对领导工作很容易形成一种难以改变的习惯看法,这种看法有碍于创新思维的形成。因此,班组领导者一定要有意识地将熟悉的事物当作陌生的事物,以新的思想和观念进行再观察、再思考、再认识,力求有新的发现。第二,对陌生事物又要以熟悉的态度对待。班组领导遇到未碰到过的棘手难题时,不妨将它想象为另一个熟悉的事物,在类比中寻求启发。

b. 进攻原理。班组领导在思维活动中,要充分发挥主观能动性,争取主动权。创新思维是一种积极主动的思维方式,不是为适应环境而做出的消极被动反应,它需要探求新成果和主动进取的精神。我国改革开放取得的新成就以及各级领导在各自岗位上取得的新成果,都取决于向陈腐观念、陈旧管理模式进攻的首创精神。正如诺贝尔奖获得者温伯格教授所说,创造性人才必需的一个重要素质是进攻性。

c. 开放原理。班组领导者要把思想从封闭体系中解放出来,保持一种流畅的开放状态,加强主观与客观之间的交流,促进思维的创新。开放原理的实质在于信息刺激。只有从客观世界获取丰富的大量信息,并通过对信息的综合、叠加、扩散、转换,才能激发创新思维。根据这一原理,班组领导要加强各方面的信息沟通,并尽可能地获取信息,通过若干类信息在一定方向上的扩展和交汇,激发创造性思想,引导创新思维。

(4) 强化创新意识是创新思维的动力

a. 要有强烈的事业心和责任感。具有高度使命感的人,才会有强烈的忧患意识,才能"先天下之忧而忧",战胜自我,不断寻求新的突破。不可否认,创新会遇到来自方方面面的人为的或客观现实的阻力,并且有一定的冒险性。有的班组领导者之所以不愿创新,主要是"怕"字当头,即怕遭非议、怕挨批评、怕失败。这种明哲保身、不求进取的班组领导是难当大任的。对于创新,只有抱着对工作极端负责任的态度、为事业奋不顾身的精神,"敢"字当头,才能步入创新者的行列。

b. 要有怀疑批判精神。传统观念存在于人的潜意识当中,使人们不知不觉地受到它们的支配。要克服这些因素,就要求班组领导者必须有反思传统、习惯的自觉意识,有怀疑批判精神。人类对现状的超越,对现有事物的突破,是人类认识发展的基本形式。在人类社会中,每一代人都向前推进了认识,但也会给后人留下一个界限。后人只要突破这个界限,才能进一步推动认识的发展。因此,要坚信前人留给我们的认识界限是最终要被打破的。要打破前人留下的界限,就需要我们对传统的东西进行反思,而不能做传统的俘虏。

总之,在班组安全教育中,我们倡导班组领导要有创新思维,最终目的在于把创新思维与创新实践结合起来。如果只有创新思维,也是纸上谈兵,毫无价值。在新的形势下,班组领导迫在眉睫的一项工作,就是不能让创新思维成为一种空洞的、时髦的口号,而是要使其真正成为创新的实践,不断开拓安全生产工作新局面。

80. 班组安全教育要构建和谐的安全环境

(1) 建章立制,要在"兼顾"上下功夫

一个班组和谐与否,同班组的建设状况、福利待遇高低有直接关系,但这种关系不是简单的正比例关系。现实生活中,福利待遇不高但内部关系和谐的班组有很多，福利待遇很好但内部关系不和谐的班组也有很多。可见，班组内部是否和谐，不全在于物质利益的高低，关键在于不同层次的人的利益差距大小，即各种利益分配是否均衡。如果不同层次的人利益差别过大，一部分人拥有太多而另一部分人得到的太少，这个班组就不可能和谐。这样的状况若长期存在，必将导致对抗局面的产生。所以，班组领导在制定制度时，一定要从全局着眼，从小处着手，兼顾不同层次的人的利益，鼓励强者冒尖，扶持弱者变强，用一种健康的协调机制把差别控制在适当的范围内，避免人为地制造矛盾。

（2）处理事务，要在"公正"上下功夫

公正是和谐的基础，构建和谐环境必须努力消除不公、维护公正，处理事务不以感情亲疏论长短，坚持规则面前人人平等。所谓规则，是对人的行为的硬约束，也就是允许做什么、不允许做什么，允许怎样做、不允许怎样做。规则必须对一切人一视同仁，绝不可因人而异、厚此薄彼。比如，获得利益的方式必须是合法的，这对所有人都是适用的，不能有例外，不能让按照规则行事的人吃亏，更不能让违反规则行事的人得便宜。就一个班组而言，如果以个人好恶论高低，以感情好坏做取舍，缺少应有的公平公正，那么，这个班组就失去了团结和谐的基础，其结果必定是人心涣散，内耗严重，战斗力和凝聚力无从谈起。

（3）协调关系，要在"沟通"上下功夫

班组领导成员之间，班组领导与员工之间、员工与员工之间通过适当的方式，沟通思想、交流信息，对于增进相互了解、协调内部关系特别重要。沟通是正确决策的基础。通过沟通交流，可以学习安全新知识、获得安全新信息，取人之长、补己之短，开阔思路、增长见识，避免因安全知识缺乏和安全信息盲区造成安全工作决策失误。沟通是搞好团结的前提。一个班组的人员，只有平时多交往、多沟通，相互之间了解多了、关心多了、体谅多了，才会有共同语言，才能产生合作共事的基础。沟通是凝聚人心的纽带。一项安全工作决策是否正确，能否产生预期效果，能否得到班组员工的支持和拥护，不仅取决于决策的科学性、可行性，而且还取决于员工的支持程度。安全工作决策实施之前，通过有效的方式与员工交换意见，有利于统一思想、统一行动，有利于实现预期的安全生产目标，达到预期的效果。

总之，构建和谐的环境是班组安全教育至关重要的一环。而和谐环境的构建一要建章立制，在"兼顾"上下功夫；二要处理事务中，在"公正"上下功夫；三要协调关系，在"沟通"上下功夫。只要做到这几点，班组安全教育的和谐环境就建立起来了，班组安全教育就能顺利进行。

81. 安全教育莫让员工心理倦怠

心理倦怠，就是一种在工作和学习的重压之下身心俱疲的状态，是身心能量被工作和学习耗尽的感觉。

(1) 树立良好的学习信心

班组员工必须了解自己内心的学习需求，参加安全教育培训是为了什么，自己从学习培训中能满足什么个人需求。因此，班组员工要树立正确的安全学习培训奋斗目标，忠实地、具体地、自觉地履行好安全学习、安全教育、安全培训的本质要求，把学好安全知识、掌握安全技能、提高安全意识当作做好安全生产工作的利器，为企业、车间、班组多办实事、好事，通过学习培训创造安全工作价值来实现个人价值，提高学习及工作的成就感。

(2) 要热爱学习

一个人的学习态度会影响一个人的学习情绪。要学一门、爱一门、精一门，喜欢学习，乐在学习中，让学习为自己心灵的健康造福。如果学习态度消极，面对学习任务退缩、推诿，那自然就体会不到完成一项学习任务所带来的愉悦感和成就感。对学习培训没有积极性的员工，一旦遇到困难和挫折，就更容易产生倦怠感。因此，班组员工要不断地加强安全学习、安全培训，充实专业知识，保持热忱、积极的学习态度，从而使自己乐在学习中。

(3) 要正视学习压力

班组员工感到自己有学习压力，并不是个人能力差的表现，而是人人都可能有的正常心理体验。对此，不要过于责备自己。有时适度的压力反而是进步的动力，正是有了压力才会使学习培训充满挑战。当然，员工对个人的时间、精力、能力要有清醒的认识，凡事尽力而为、量力而行、忙而有度，化压力为学习的动力，保持良好的学习状态。

总之，班组员工的安全学习培训，是新时期安全工作的基础，在学习培训中员工都可能有倦怠情绪，对此要认真对待，一是树立良好的学习信心；二是热爱学习；三是正视学习压力。只要把这三方面的关系协调好，员工安全学习培训中心理倦怠的问题就迎刃而解了。

82. 情绪——班组安全教育培训工作的"晴雨表"

(1) 情绪：左右安全教育的无形之手

近代心理学研究表明，人的大脑分布着两种情绪中枢，即快乐中枢和痛苦中枢。人们在受到客观事物的刺激时，情绪中枢就会引发情绪上的应激反应。比如，喜、怒、哀、乐、悲、愤等，就是这种现象的外在表现。如果事物能满足人的某种需求，人们就持肯定的态度，从而产生愉快、满足等乐观情绪。

(2) 不良情绪：安全生产与安全教育的潜在隐患

情绪状态对人的行为、活动和自我感觉产生着积极或消极的影响。一般来说，愉快能使人感到舒服，能大大提升安全生产与安全教育的保障能力；反之，不良情绪会引起人体神经系统和肾上腺系统的功能紊乱，人行为的准确度降低到正常状态50%以下。当不良情绪发展到一定程度时，能够主宰人的意识和行为状态，使人的意识范围变得狭窄，判断力降低，失去理智。

统计资料表明，80%～90%的事故是由操作者的不安全行为引发的，而人的不安全行为大都是由操作者的不良情绪导致的。有研究指出，在8小时工作时间内，员工至少有20%的时间处于情绪低落期，而50%以上的事故，恰恰发生在情绪低落期。

因此，不良情绪是安全生产和安全教育的重大隐患，也是被人们长期忽视的问题。正是由于人们忽视了人的情绪对行为的影响，在分析事故原因时，很少深挖"三违"行为背后的情绪因素，所以，虽竭尽全力而不能除"三违"行为之根。

(3) 强化情绪管理：为生产与教育巧上安全锁

a. 重视情绪变化，注意工作方法。当员工不良情绪袭来时，作为班组长应及时调控和疏导。若发现员工有不良情绪，应及时"对症下药"，有针对性地采取措施，积极引导员工用理智来控制不良情绪。一是做好情绪调控工作。要关注员工的情绪变化，理解、同情他们内心的痛苦，主动而耐心地倾听他们诉说。二是要避免员工背着思想包袱上班或上学。三是合理调配员工的工作和学习时间，避免疲劳作业和疲劳学习。

b. 强化心理知识培训，提升心理素质。安全管理源于素质，素质源于培训，要使员工具有良好情绪，就必须坚持"始于教育、终于教育"的原则，强化员工安全心理知识的教育培训，提升员工的心理素质。一是要及时调整心态，做情绪的主人；二是面对挫折，找回自信；三是消除成见，学会宽容；四是净化心理，释放情绪；五是力求内心之"和谐"。控制情绪，既能刚正不阿，又能与人和谐相处；内心和谐是一种力量，使人心无旁骛，不断挑战自我，远离一切不安全行为。

总之，在班组安全教育中，强化情绪管理，能为安全教育工作巧上一把安全锁。只有实施"情绪管理"，尊重员工，信任员工，体贴员工，时时事事关心员工的情绪变化，打造一个和谐的环境，才能提升员工的敬业精神和学习要求，实现企业的长治久安。

83. 防止员工安全意识"疲劳"的方法

(1) 何谓安全意识"疲劳"

疲劳是抑制、松弛、紧张、模糊的综合反应。

a. 抑制指对安全学习、安全教育等活动呈停滞、空白，甚至排斥、抵制状态，对活动不感兴趣，听不进，记不住，安全学习只是走过场，有躲避和逃遁的主观愿望。这点在青年工人中表现明显，查看班组安全教育签到记录就可发现，字迹潦草的都是年轻人。安全教育培训结束后，找青年工人提问，基本"一问三不知"。一些班组长以经济利益为中心，忽视安全教育与培训，从心理上也是抵制安全教育的。

b. 松弛指在执行安全规程和安全纪律等方面松懈、疲沓、不认真。基本特征是经常违章违纪，工作时蛮干，自以为是，这也是以年轻人为主。在检查安全教育培训工作时，总能查到有些年轻员工，听课打瞌睡，不做笔记，不提问题，学完后还是啥也不知道。

c. 紧张指在安全生产中，特别是在保持了较长一段安全记录的情况下，员工会产生一种无名的压力感。表现特征是：随着季节的变化，设备的异常，事故或特殊情况的出现，感到惊慌失措，忧心忡忡，自己不相信自己，结果越怕越出事。这在老员工中和班组主管生产和安全的领导中显得尤为突出，此种状态与当事人没有以健康的心态和科学的态度去对待安全生产，一味陷入被动的神经质的紧张中有密切关系。

d. 模糊指思绪不清，经常出现反应迟钝、注意力转移、思维定式错误、判断推理似是而非等现象。在安全教育中表现为马虎凑合、不在乎、麻痹、侥幸、图省事等，以致学习不进步、知识没学到、素质未提高。

(2) 如何防止员工安全意识"疲劳"

a. 总结规律，坚持有的放矢，应针对三种因素，重点解决"两种人"的问题。三种因素即不良的生理、心理和环境因素。心理因素方面，应引导员工认识不健康心理的危害，找到产生恐惧、压抑、排斥等心理的诱因，启发他们自觉地去化解和排除这类因素；环境因素方面，既要从根本上提高员工对待安全工作的觉悟，又要关心员工生活，善于从情绪变化、言行异常中捕捉他们的"心病"，消除他们的后顾之忧，改善他们所处的不安全环境。

"两种人"是青年工人和特殊人员。对于青年工人应当区别情况，实行阶段教育、重点看护、特殊管理。特殊人员主要指业余经商的、家庭不和的、孩子问题多的、头脑简单的、思想麻痹的等。对这类人，应当经常研究和观察他们的动向，实行分兵把守、严密监控。班前看脸色，观察情绪，品言行，判断异常；闻气味，检查饮酒，严防此类人给安全生产带来潜在危险。

b. 形式多样，注意实际效果。预防安全意识"疲劳"，既要依靠经常性的教育，又要采取一些生动形象、别开生面的新方法。如有的班组把以往伤残的员工请到台上，给在职员工提供现身说法；每次发生事故或违章，都在现场进行直观安全培训。针对员工愿意摆功不愿讲过的心理特点，召开摆功会，从正面加强员工的安全意识教育等。同时，经常进行电化安全教育，举办安全知识竞赛教育。这些形式和方法具有潜移默化、润物无声、生动活泼的特点。

c. 节奏感强，实行强刺激。所谓节奏感，就是恰到好处地掌握时间的安排、间隔的选择、程度的松紧，重点突出地进行安全宣传教育。所谓强刺激，就是对"疲劳"程度较深、积重难返的人或事不手软，实施重度刺激，使相关员工受到震动，令当事人终生难忘。

d. 各级领导，要发挥作用。作为一个班组，要强化安全意识、克服"疲劳"，就要全方位、多层次、整个班组共同行动。班组的各级领导是这个群体的关键人物。他们自身的安全意识怎样，对安全意识是抓还是不抓，是真抓还是表面抓，这直接关系到员工安全意识的强化和弱化。克服"疲劳"，强化安全意识，是一种无形的、精神的、带有理性色彩的工作，应持久和有耐心地培育、推进、完成。这就需要企业的各级领导、各级组织和全体员工齐心协力，配合工作。企业各级领导应有一种超前意识，善于用自己的权力、智慧，以表率作用去促进和影响员工安全意识的不断深化。

总之，增强班组员工安全意识教育，最主要的是掌握消除安全意识"疲劳"的方法。要总结规律，要形式多样，要有节奏感，要发挥各级领导的作用。这样，班组员工安全意识"疲劳"的症状就能消除。

84. 安全教育须透视"三违"员工的心理误区

(1) 心理误区的表现

a. 麻痹心理。一些班组员工安全意识薄弱，缺乏严肃认真的工作态度，在生产过程中疏忽大意，放松了安全警惕。如某厂一位空调工春节加班检修清扫风道，事前未检查安全托板是否放置牢固就往上爬，结果人和托板一同从4.2m高处坠落，造成大脑内出血，抢救无效死亡。这就是麻痹心理的典型表现。

b. 侥幸心理。有的班组员工不尊重客观规律，单凭主观意识，企图靠侥幸获得成功，结果造成事故。如某厂一位气焊工，修补未清洗的汽油桶，明知有危险，但看到漏孔很小，就怀着也许不会出问题的侥幸心理，结果事与愿违引起爆炸，炸死1人，炸伤1人。实际上，在班组安全教育中，不清理待焊接的汽油桶（不管是空桶还是实桶），发生的事故案例不胜枚举，而在教育培训中，不知强调了多少次，个别员工，就是侥幸心理作怪，付出的代价太大了。

c. 好奇心理。有的员工安全意识差，对事物怀有好奇心理，把国家财产视为儿戏。如某厂两位青年工人在棉花包上聊天，一位说："听说打好包的棉花用火点不着，咱试试看能否点着。"结果酿成火灾，两人被依法逮捕。这种好奇心理太天真太幼稚，在班组安全教育中，对员工的好奇心理不知讲过多少次，不知分析过多少遍，但有的员工就是当作耳旁风，出了事悔之晚矣。

d. 自信心理。有的员工不相信规章制度，也不听别人劝阻，只相信自己。如某厂一位员工，将砂轮防护罩和托架去掉，一位老工人上前制止说："这样干是违章的，太危险！"而那位工人不但不听，反而自信地说："我干了多少年也没有出事，哪有那么多框框。"结果砂轮崩裂打中腹部，险些丧命。

e. 逆反心理。少数班组长会上大讲安全，但在生产中又违章指挥，使工人不服气，他们认为领导在安全上言行不一，反而来教育我们，我们没必要按你说的去做，结果"三违"现象就随之而产生。由此引发的事故太多了。

f. 自卑心理。少数员工在金钱名利诱惑下，自认为做工人又脏又累，工资低，觉得低人一等没出息，看不起自己的本职工作，失去理想，工作不认真，不负责任，放任自流。如某厂一位挡车工，精神不振，意志消沉，班上躺在棉机下睡觉，被剥棉打手将脑颅骨抓破而死亡。

（2）消除心理误区的措施

首先，应牢固树立"安全第一，预防为主，综合治理"的思想，摆正生产与安全的关系，把科学管理和思想教育纳入生产过程的每个环节。熟悉了解员工的不同心理，有针对性地做好安全思想教育工作，帮助他们克服不利于安全生产的心理，以平易近人的作风和眼睛向下的态度，与员工沟通思想，交流感情，把安全生产的道理融入拉家常之中，切实帮助他们提高安全意识，消除不健康心理。

其次，操作者要善于调节和控制自己的感情，严格遵章守纪，以高度的责任心约束自己，不断培养对本职工作的兴趣，防止疲劳，及时调整自己，以积极的态度对待自己的工作，以杜绝"三违"的行为，保证安全生产。

85. 班组安全员抓安全教育之道

(1) 组织协调，责任先到位

安全员在抓安全教育过程中，一个很重要的作用就是组织协调作用，因此，安全员应有高度的责任心和事业心，具体表现在以下四个方面：

一是对安全教育工作满腔热情和高度负责。要克服畏难情绪，消除"老好人"思想，敢抓、敢管、敢啃硬骨头，做好榜样、带头人，率先垂范，为做好安全教育工作打好基础。安全员是实际安全教育工作的执法者。处理违章违纪行为应一视同仁，严于律己，以理服人。

二是善于在协调中搞好配合，激发各协同人员和部门的责任感。安全教育工作是一项需要班组齐抓共管的工作，作为安全工作者，在安全教育工作中不能搞"单打一"。只有做到各类人员齐抓共管，安全教育的各项措施和部署才能有效地得到落实，才能产生一定的效应。

三是积极地建立和完善纵向到底、横向到边的安全培训组织体系，将安全教育目标自上而下层层分解，强化安全培训管理的指挥系统，逐步形成一个人人抓教育，人人讲培训的氛围。安全员应熟知班组的生产布局和生产情况，合理地确定和分解安全教育目标，一些安全责任和压力该下传的要下传，该下压的要下压，只有这样，才能达到安全教育千斤重，人人负责人人搞。

四是安全员要不断提高对安全教育工作的认识。无论如何改革，安全教育都不能放松，这是人命关天的大事。随着现代企业制度的不断完善，安全教育工作在班组安全管理中的地位越来越重要。

(2) 解决问题，方法要创新

在班组安全教育工作中，经常要有一些问题去解决、去思考，这也是对安全员的一种锻炼。为此，在解决班组安全教育的实际问题时，安全员要深入地调查研究，周密分析，无论是制定措施，还是形成自己的意见，都要立足一个"新"字。

一是结合班组的实际，创造性地组织广大员工开展学法、守法活动，让班组全体员工把不安全行为提高到违法的高度来认识，从而强化员工的安全法制意识。

二是要充分认识开展安全教育的重要意义，开展安全教育就是提升班组安全文化素质，广泛地组织员工开展多种有效的安全文化活动，使广大员工认识到"安全就是最大的效益"，安全关系到员工的切身利益，从而使员工形成正确的安全价值观和荣辱观，为搞好安全教育工作打下坚实的思想基础。

三是安全教育工作要不断出新思路。随着改革的不断深入，抓安全教育工作也要不断推陈出新，研究新问题，提出新思想。要考虑把安全教育考评指标与经济效益挂钩，把安全教育对经济效益的贡献率与经济总量的比例关系纳入安全工作的考评指标体系中，进一步完善安全考评指标体系。

(3) 落实工作，行动要实在

念好"严、细、实、恒（即严格执行、细心细致、脚踏实地、持之以恒）"四字经，是安全员的基本功。抓安全教育工作比抓其他工作都要实实在在、踏踏实实。

一是抓教育培训要落实到行动上。抓安全教育培训不能凭主观臆断，更不能凭空想象，要深入班组各岗位，及时采取有效措施。要认真履行自己的职责，对一些不安全的现象坚持执行一票否决，把班组安全教育培训置于自己的有效控制之下。

二是检查整改措施要落实。检查工作是解决安全教育工作中存在问题，促进安全教育工作落实的重要措施。安全员要把督促岗位人员定期进行自检和互检结合起来，及时发现教育培训的隐患，及时整改或消除隐患，提高安全教育培训的有效性。

三是奖罚激励要落实到行动上。安全员是班组安全教育培训奖罚制度的具体操作者。在具体操作中，只有切实做到该奖的兑现，该罚的手不软，言必信，行必果，才能真正树立起安全工作的权威，保证安全教育培训收到实效。

总之，班组安全员是班组安全工作的主要人员，在班组安全教育培训工作中，组织协调、解决问题、开展工作、落实工作都与他们有密切关系。安全员对班组安全教育工作作用巨大，每一位班组长都要尊重和用好安全员，让安全员发挥出一定的光和热。

86. 必须知道习惯性违章的特征与致因

班组的安全教育工作，要有控制和消除习惯性违章的内容。在此教育中，必须让员工知道习惯性违章的特征和致因，进而在安全工作中有效地控制和消除习惯性违章。

(1) 习惯性违章的特征

习惯，就是在长时期里逐渐养成、一时不容易改变的行为、倾向或社会风尚。所谓习惯性违章，就是固守旧有的违背规则的不良作业习惯，包括习惯性违章操作和习惯性违章指挥两大类。习惯性违章具有普遍性、顽固性、隐蔽性、危险性等特征。

a. 普遍性。习惯性违章存在于不同行业、不同层面、不同人群中，最为常见又不容易引起警觉。如进入生产现场不穿工作服；对电钮、阀门、开关不认真确认就盲目操作；驾驶员在行驶中与乘客谈话、打电话、吸烟、听收音机等；在安全管理方面，搞形式、做假账、报假数据甚至隐瞒事故等欺上瞒下的行为等。

b. 顽固性。习惯性违章是在一定心理支配下渐渐形成的一种行为方式，因此具有一定的顽固性。支配习惯性方式的心理因素不变，直至在导致事故后才恍然大悟。

c. 隐蔽性。习惯性违章是通过一个"渐渐"的过程形成的，因其特有的隐蔽性而往往不被人们所认识，对潜在的危险毫无警觉，直至发生了事故才追悔莫及。

d. 传染性。一些员工的习惯性违章行为，不仅对安全生产构成威胁，而且对周围的员工也带来不良影响，如果不及时制止，就会很快在其他员工中得到效仿，尤其是对新员工更是这样："老师傅都这样干，我也跟着学。"这种行为，由师傅传给徒弟，由甲传给乙，由侥幸变"经验"，长此以往，习惯性违章行为就蔓延开来，传染性的危害十分严重。

e. 危险性。统计资料显示，人的不安全行为导致的事故占事故总数的80%～90%。其中，以习惯性违章占绝大多数。血的教训证明，习惯性违章是发生事故的温床，由此而引发的惨案，在工业发展史上屡见不鲜。

(2) 习惯性违章的致因

a. 海因里希法则——心理因素。导致习惯性违章的心理因素是对违章行为与事故之间的关系产生了错误的感知，认为过去曾多次违章并没有导致事故，这次违章也不会导致事故。于是，在侥幸心理的驱使下，为了图省事、图省时，一而再、再而三地违章冒险，结果习惯成自然，习惯性违章就这样形成了。

海因里希法则又称"海因里希安全法则""海因里希事故法则"，是美国著名安全工程师海因里希（Herbert William Heinrich）提出的300∶29∶1法则。这个法则意为：当一个企业有330起隐患或违章时，必然要发生29起轻伤或故障，另外还有1起重伤、死亡或重大事故。海因里希法则是通过分析工伤事故的发生概率，为保险公司的经营提出的法则。这一法则完全可以用于企业的安全管理上。

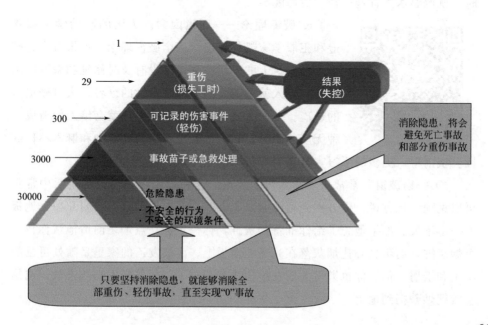

但是，在实际中，这一规律却被曲解了："一两次违章没有什么，不一定发生事故。"于是，对违章行为习以为常，能捂就捂，"大事化小，小事化了"，慢慢地形成了习惯性违章。

人性都存在着弱点。所谓人性的弱点，主要表现在懒惰，即没有外在的压力，就不愿意做事；还有就是贪，除了爱占小便宜外，更主要的是想用最小的付出得到最大的回报。这些都是习惯性违章表现在心理方面的深层次原因。

b. 温水里的青蛙——管理因素。有一则流传很广的"温水煮青蛙"实验，就是把一只青蛙扔到热水锅里，它马上就会跳出来，但是如果把它放到凉水里，当温度渐渐升高，直到它受不了想跳出来时，已经无能为力了。在安全生产管理上，如果从源头对一切违章行为都严加追究，习惯性违章就不可能形成。然而，由于人情味太浓，在对待一般性违章行为时，不是以法、理、情的顺序来考量，而是以情、理、法的顺序来对待，不能及时进行纠正，没有做到防微杜渐，结果是规则后退，让位于人情。久而久之，那些怕麻烦、图方便、贪小便宜、不愿受规则约束的人就养成了习惯性违章行为，还美其名曰：灵活运用。并以讹传讹，让他人也跟着学，导致别人也随大流，最后法不责众，形成了习惯性违章见怪不怪的不良风气。其结果是安全规则形同虚设，一个个细微的错误逐渐叠加，其破坏力也逐渐累积，最终导致灾难性事故的发生。此时，就像温水煮青蛙一样，后悔晚矣。

c. 破窗理论——环境因素。美国的政治学家威尔逊和犯罪学家凯林提出了一个破窗理论：如果有人打破了一栋建筑上的一块玻璃，又没有及时修复和采取防范措施，别人就可能受到一种暗示性的纵容，去打破更多的玻璃。久而久之，这些破损的窗户就会给人们造成一种无序的感觉。在这种混乱不堪的环境中和麻木不仁的社会氛围中，更多的恶习，甚至犯罪行为就会滋生、蔓延。

"第一扇破窗"常常是事情恶化的起点。这一现象在我们日常生活中常常可以见到。比方说，你分别到两位朋友家做客。朋友甲的家里窗明几净，地板上一尘不染。如果他忘了给你准备烟灰缸，你一定会在点烟之前请他帮你找一个烟灰缸，而不忍心让烟灰落在光亮的地板上。而朋友乙的家里是随处可见的尘土和纸屑，估计你也懒得要朋友给你找烟灰缸了，而是任由烟灰飞散，或是直接把烟蒂扔到地上。

从"破窗效应"中，我们可以得到这样一个道理：任何一种不良现象的存在，都在传递着一种信息，这种信息会导致不良现象的无限扩展，同时必须高度警觉那些看起来是偶然的、个别的、轻微的"过错"，如果对这种行为不闻不问、熟视无睹、反应迟钝或纠正不力，就会纵容更多的人"去打破更多的窗户玻璃"，极有可能演变成"千里之堤，溃于蚁穴"的恶果。

总之，在班组安全教育中，教育员工明白习惯性违章的危害，以及习惯性违章的特征，找到习惯性违章的原因，进而去避免和制止习惯性违章的产生。这种安全教育对班组员工是一种预防事故的有效方法，应当坚持下去。

87. 人为失误的纠正措施教育方法

伤亡事故统计分析表明，工业生产中的大量事故是可以避免的，而在这些可以避免的事故中多数是由人的错误造成的，英国安全卫生执行局事故预防组等机构也认为90％的事故是人为错误造成的，而其中70％是可以由管理部门采取措施来防止的。因此，减少人为错误是企业提高安全生产绩效的关键。要减少人为错误，首先需要了解造成人为错误的潜在原因，然后才能有针对性地提出纠正措施。

（1）人为错误分类

人为错误概括起来主要有三类：疏忽、误解和违章。

a. 疏忽。这种错误一般发生在注意力不集中或紧急情况下，结果没能做到本来想做的事。比如，一个班组员工可能因为注意力不集中，忘记应该关上的开关而造成事故；甚至曾有员工在遇到化学品气体泄漏戴过滤式防毒面具时忘记打开进气阀等。这类错误多是由操作人员的安全意识不强以及设备的设计缺陷造成的。加大安全宣传教育力度，并对员工加强安全意识方面的教育培训是可以减少此类错误的。同时对设备做出系统评估能有效地识别设计缺陷，从而在设计时排除发生错误的潜在可能。

b. 误解。这种错误是由于错误判断、信息不畅和缺少实践经验而操作引起的。例如，在火灾的情况下，有些员工可能会以为利用电梯能更快地离开火灾现场，或者有的员工对某些有问题的设备进行了无效的修复等。对工人和管理人员的技能和知识做一次系统评价就会查清他们的基本练习是否不足，要求掌握的安全知识和安全技能是否有问题。如果存在这类情况，产生"误解"类错误的可能性就很大，需要在安全培训内容、培训方法、培训间隔时间等方面进行考虑，同时也需要改进设计，使设备更容易正确使用。

c. 违章。这是违反作业规章程序的行为。它们大部分是日常养成的不良习惯，也有的是采取不安全的方法操作。违章的典型行为有：任意使用未经批准的设备，违背作业规程；故意不使用规定的安全器械；不具备资质使用某种设备；其他违章行为等。

(2) 纠正各类人为错误的措施

① 克服疏忽的主要措施。加大安全宣传力度，提高员工自身安全意识：通过安全宣传和教育培训提高一线员工的安全意识和警惕性，时刻保持清醒的头脑，减少因为疏忽而造成的事故。改进设备的设计：优秀的设计可以有效排除产生人为失误的潜在可能。不良设计是导致此类错误的重要根源。例如，两个控制装置离得很近，操作动作不同于常规的控制装置，量具读数不鲜明等。因此，改进设计是消除此类错误的主要途径。

② 减少误解类错误的主要措施

a. 最有效的途径是安全教育培训。要反复学习基本安全操作规程，操作人员必须定期接受安全培训，任何形式的安全培训都必须包括不断的实物示范和反复的实际操作，使安全操作成为作业者的"第二天性"，即成为下意识的行动。

b. 更新安全培训内容，增加安全培训次数。一个安全培训课程无论多么成功，某些技能如没有机会定期实践，最后还是会被忘掉。因此，充实安全培训是必须的，而且安全培训内容和时间间隔也应因人而异。实践中，管理人员必须细心观察个人和班组的操作行为，确定何时何地需要采取纠正措施。操作人员则应定期向上级公开演示其安全操作能力。

c. 提供充足信息。增加"额外"信息量会增加信息（至少其中一部分）受到注意的机会。因此，将信息量加倍，而且以不同形式置于不同地点，安全也就会更有保证。例如复制几份线路图和紧急操作程序置于机器周围关键位置；对供电线路的一切设备都标明绝缘程序和操作规范；用彩色标志标明管道内容物、压力、介质等。

d. 消除"知识欠缺型"错误。在安全生产一系列活动中，只要有一个未知因素需要操作者进行新的思考，就最易出错。例如，一台机器正以未曾见过的错误方式运转时，操作人员就会不知不觉地采取冒险行动。因此，不可将新近培训合格的员工都安排在可能出现意外事件的地点或岗位。管理人员必须明确指定专人应付可能出现的意外事件。

e. 提高安全监管的能力。新任命的班组安全员不能仅凭他们过去在旧岗位上的出色成绩就认定能够胜任班组安全监督的新任务，班组长必须使班组安全员完全了解操作人员可能犯的各种人为错误即可能引发的事故，帮助他们掌握安全监督技能，熟悉安全检查程序，学会安全教育培训做法。

总之，班组安全教育培训中，对人为失误的分类、纠正措施的教育是消灭和减少事故的重要一环，每一个班组都要为此进行不懈的努力。这样，就能克服和纠正人为失误的错误，就能按照安全操作规程来进行操作。

88. 倡导和推进人性化安全管理

（1）人性化安全管理简述

a. 人性化安全管理理念。人性化管理理论的提出，是基于对人性的考虑。人具有与生俱来的惰性、趋利避害等本性，管理者可以顺其自然，引导利用。求生是人类的本性，但需遵守人类群体的共同习俗和文化。人类具有创新演化等能力，可以适时改变习惯和习俗以适应外界环境。

b. 人性化管理方式简述。所谓人性化管理方式，简言之就是顺应人性的特质，采取一些顺应人性的管理措施。主要有四个方面特点，即尊重人的本性,顺应自然加以引导;进行行为塑造,利用习惯进行管理;塑造安全文化,利用文化规范行为;注重人的创造力,利用创新推动发展。

c. 管理模式简述。所谓人性化管理模式,就是人性化管理的运作程序与方式。从选拔领导与组成领导班子,到寻求企业动力,建立规章制度等方面都要跳出传统的思维定式,从而建立起与人性化管理模式相匹配的工作程序和方法。如领导者的权威不是靠法定职位来维持,而是靠自身所拥有的责任感、与员工同甘共苦、恭谦待人的个人品质和过硬的业务素质;规章制度的确定,不是靠强硬规定来明确,而是依靠员工自觉遵守;对待员工的过失,不是简单的惩罚,更主要的是以真情的关怀,感化员工主动改正。

(2) 运用人性化理念的意义

众所周知,安全管理是一项系统工程,管理范畴包括人、财、物,以及气象、地理条件等,从而消减生产风险,防止事故发生,避免人员伤亡,保护员工健康。既然安全管理工作的主要对象是人,那么在安全管理工作中运用人性化理念,就可以更直观地体现人是第一资源的理念,更可以体现"以人为本"的思想。

(3) 如何体现人性化理念

在日常安全管理工作上,应如何体现人性化管理的理念?应该纠正习惯性思维定式,人性化安全管理并不等同于不发生事故。不发生事故,是安全管理的主观追求。但是我们所说的人性化管理,实际上是管理的措施。这是一个复杂的系统工程,应该做全面的探讨与研究。笔者认为,应当重点做好五个方面的工作:一是确定人性化发展观念;二是建立人性化管理机制;三是赋予人性化安全权利;四是制定人性化管理方式;五是推行人性化管理模式。

总之,在班组安全教育培训工作中,领导要有意识地灌输和提倡人性化安全管理,要讲解人性化安全管理的意义、作用、措施、方法,用人性化规范员工的行为,用人性化提高员工的安全意识,用人性化充实员工的安全技能。只要人性化管理到位了,班组安全教育培训也就起到了应有的作用。

89. 员工违章心理的产生与控制

(1) 导致违章行为的需求和动机

控制论原理主张把控制焦点放在对员工行为的控制上，与安全管理的人本思想不谋而合。要预防员工的违章行为的发生，首先要分析导致其发生的内在需求和动机。违章者总是先有一定的需要，再在一定的诱因下演变为动机，之后才可能产生违章行为。

人的需要受社会政治、经济和文化教育因素的影响，个体差异较大。劳动者的个性差异导致了各种心理需要：热衷于功名利禄，权力地位至上；处处讲求实惠，物质利益至上；渴望施展抱负，期望显赫名声；追求舒畅心境，只求潇洒痛快；或是只顾贪图享受，懒散不思进取等。正是这种内在需要的不均衡，造成同一个安全举措对不同人起到的效果差别很大。

(2) 用控制论原理消除违章行为

控制论的基本概念是信息、反馈和控制。控制是监视各项活动，以保证它们按计划进行，并纠正各种重要偏差的过程。控制包括三方面：分析实际绩效；实际绩效与标准比较；采取行动来纠正偏差。控制主要有三种方式：一是前馈控制，不是出现问题再补救，这是最佳控制，但这需要及时准确的信息；二是同期控制，常见的是直接观察检查法；三是反馈控制，属于事后控制。事故发生后，吸取教训，调整安全措施，避免同类事故再次发生。

a. 违章行为的前馈控制。前馈控制可以超前预防事故的发生，是安全生产工作的首选做法。在人本思想的指导下，前馈控制就是使人们不产生可能导致违章行为的内在需要和动机，从思想根源上预防违章行为的发生。要杜绝产生那些自私、狭隘、庸俗、可能产生违章动机的内在需要，这就要加强班组安全文化建设，弘扬甘于奉献、正直向上、符合安全生产的健康的需要。需要强调的是，人的需要客观存在，它可以被引导和转变，但往往要经历一个较长的过程，因而违章行为的前馈控制应该在消除违章动机上下功夫。预防违章行为的动机，关键是要杜绝各种违章诱因，要在政策引导上下功夫，不能提拔重用那些只盲目追求经济效益的员工，不能奖励那些急功近利、重生产轻安全的人，更不能批评、撤换那些因注重安全生产基础工作而完成生产指标和利润指标相对不高的员工。否则就等于变相鼓励、纵容员工轻视安全基础工作，竞相超能力生产。同时还要提拔重用、重奖那些真正把安全放在第一位的员工。

b. 违章行为的同期控制。同期控制是在加强直接观察的基础上，及时纠正各种失误。违章行为的同期控制就是加强过程监督，包括企业外部监管和内部监管两方面。加强外部监管的关键是确保力度，执法必严，违法必究；要全面开放安全信息数据，以便于监管部门真正掌握安全生产动态。管理者必须掌握安全生产科学管理的规则、内容、目的、任务、战略、绩效等要素，对安全管理做系统、准确的分析，并做出最佳的规划和安排。

c. 违章行为的反馈控制。反馈控制属于事后控制，其受生产力所限，有时也必须采取。违章行为的反馈控制主要是以事故查处和隐患责任追究为重点，总结经验教训，调整今后工作。要认真进行事故分析，找出事故的规律，要加大事故处理力度，严惩事故责任人；对重大隐患，要同事故一样进行隐患追究；处罚要产生震慑效果，以增加违规成本，使人们不愿违章，不敢违章，从而有效防范违章行为。

总之，班组的安全教育活动中，正确运用心理学和控制论须抓住两个关键环节：一是要注意政策引导，防止产生安全违章行为的诱因；二是做好安全生产工作的前馈控制，真正实现关口前移，超前做好安全生产工作。这是班组安全教育工作的深度发展。

90. 抓住"三种人"，管好"三件事"

在日益严峻的生产任务形势下，怎样开展班组安全教育培训活动，是新形势下的一个新课题，认真分析过去发生的一些安全事故，就不难看出事故暴露出一些班组存在着安全工作标准不高、安全管理不到位和安全巡检工作质量差的问题。针对这种情况，如何进行安全教育，给我们提出了思路：在安全教育中应抓住"三种人"，管好"三件事"。

（1）安全教育重点抓好"三种人"

一是抓住安全员（安全技术人员）；二是抓住监护人员；三是抓住外来施工人员。做到"一事一地一教育"。凡是非本班组的作业人员都是外来施工人员。对这些人员的安全管理将原来仅由企业安全管理部门发"教育合格证"的做法，改为企业安全管理部门和班组分别发证，进一步提高安全教育的针对性、实用性，把好外来施工人员的安全教育关。

（2）管好"三件事"

一是管好现场安全巡检；二是做好岗位操作记录；三是做好应急预案演练。

总之，班组的安全教育，主要是结合实际，因地制宜，达到提高员工安全素质、技术水平的目的。在安全教育中抓住"三种人"，管好"三件事"，这样，班组的安全教育就起到了应有的作用。

91. 对新时期班组安全员素质的要求

（1）具有较为广博的安全知识

由于安全员在生产和检修过程中要签发各类许可证，比如动火许可证、进入受限空间许可证、停送电许可证、登高作业许可证、开停车许可证等，安全员为满足各类安全作业需要就应当具备较为全面和扎实的安全知识，比如机械安全、电气安全、压力容器安全、化工安全等方面的知识。如果欠缺某一方面的知识或掌握得不够扎实，签发的许可证的安全系数就不会高，或者即使是作业人员在取得许可证的前提下进行作业，该作业仍然会具有较高的风险，就难以杜绝伤亡事故或财产损失。

（2）应当具备较强的责任感和认真细致的工作作风

"责任重于泰山"这句话用在安全员身上再恰当不过了。因为安全员要为各类有风险的作业把关，要通过监测提供科学的数据，要为生产提供安全保障，如果因不安全造成停车、停产，往往会带来较大的经济损失，影响员工的安全与健康，所以，安全员对安全工作要有较强的责任感。而且由于班组赋予了这一职责，无形中安全员就会成为员工心目中的"安全专家"，在任何有风险的地方，作业都要经安全员签发许可证，员工在生产中遇到安全问题都要向安全员请教，这就要求安全员对安全工作不能有半点马虎，如果粗心大意或敷衍了事，就很难确保生产安全。

（3）应当善于收集安全信息

安全员应当善于收集安全信息，包括事故案例、防护用品新产品、安全技术新知识、国内国外安全科学的发展状况和进展等。随着媒体的发展，获得安全信息的渠道更加广泛，比如报纸、广播、电视、互联网、微信等，只有不断获得新知识，掌握大量的安全信息，安全教育才会更加丰富，安全管理水平才能不断得到提高。

（4）应当有吃苦耐劳的奉献精神

我们都知道安全员的工作是相当辛苦的，是既费心力（往往处于紧张状态）又费体力（必须亲临现场，甚至加班加点）的工作。所以，安全员要有吃苦耐劳的奉献精神。在工作中，为了在安全上不留"死角"，安全员要巡检到现场的任何一个角落。也正是广大安全员这种吃苦耐劳和无私奉献的精神，杜绝了大量事故的发生，保障了班组员工的安全健康和企业的财产不受损失。

（5）应当具有健康的体魄和较强的心理素质

由于安全员要深入现场，要经常巡检甚至加班加点，所以安全员应当有一个健康的体魄，这是开展安全工作的基础。同时，安全员还要有较强的心理素质，因为在工作中，要不断纠正别人的违章行为，要敢于指出领导的违章指挥，要敢于对违反劳动纪律的人进行批评教育，这些"得罪人"的工作本来是谁都不想干的,可这种"得罪人"的工作正是安全员的职责。由于人们在安全工作中存在侥幸心理,往往对安全员的提醒置之不理,甚至顶撞安全员,当着安全员故意违章蛮干,给安全员下不了台。这时候,安全员应当注意工作方法,耐心疏导,心理上要能够承受这种压力。因为避免发生任何事故,才是安全员的工作目标。只有耐心细致地做好安全思想工作,让员工充分理解和对待安全工作,都对安全工作负责,才能达到安全生产的目的。

92. 安全教育要激发员工的创新潜能

(1) 注重创新意识的培养

要在安全教育中培养员工的创新意识,就要帮助员工树立不进则退的危机感。当今社会,只有不断创新,才能顺应形势,从而获得持续的发展与进步,在激烈的竞争中立于不败之地。对此,企业的各级领导必须通过教育引起员工的警觉,使其增强危机意识,让他们切切实实感到不进则退的压力,从而变"要我创新"为"我要创新",把创造性地开展安全生产工作当作他们的自觉行动。

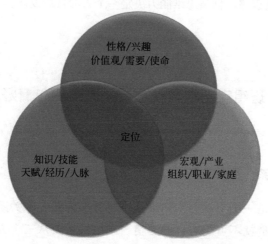

(2) 注重新品格的形成

优秀的创新品格，能使人迸发出强烈的事业心和为创新而献身的精神，能够使人在工作中保证创新的超越势头，永不满足已有的成果。企业各级领导一定要重视和加强对员工在安全生产中的创新教育和指导，促使员工创新品格的形成。在员工安全生产创新品格的形成过程中，各级领导要着力培养他们的自信、坚毅、独创、不迷信权威、不从众等品格。有了这样的品格，员工走上安全创新之路才具有可能。

(3) 注重创新能力的提高

安全工作创新能力是指在创新工作中分析安全问题、解决安全问题的能力，是指创造性地采取新措施，实现安全工作跨越式发展的能力。如果一个人的创新能力不够，即便具有再强的创新意识，再优秀的创新品格也无济于事。因此，各级领导要采用多种方法促使员工提高安全工作创新能力。

总之，班组安全教育培训有一个重要的功能就是引导、倡导员工在安全生产中广开思路、集思广益，去创新完成安全生产的各项工作和任务。创新是一个民族进步的灵魂，是一个国家兴旺发达的动力，也是一个人在工作乃至事业上具有生机与活力的源泉。实践告诉我们：在学习上，谁善于创新思维，谁的脑子就灵；在工作上，谁善于创新思维，谁的办法就多；在事业上，谁善于创新思维，谁的天地就宽；在修养上，谁善于创新思维，谁的形象就好。创新思维能力决定一个人的发展前途；创新思维能力决定一个人的事业天地；创新思维能力决定一个人的勇气谋略；创新思维能力决定一个人的目标设计。

93. 班组安全教育就是要让员工的心情好起来

(1) 理顺关系，是员工有好心情的基础

一个班组就是一个小社会。如果这个小社会内的各种关系错综复杂，矛盾重重，那么其成员就不可能有好的心情。理顺关系要从三个方面入手；一是理顺班组领导班子成员之间的关系。班组领导班子是班组的核心，如果班子不团结，搞窝里斗，矛盾不断出现，纠纷时有发生，员工就会感到无所适从。二是要理顺工作之间的关系。工作职责不清，遇事就会推诿扯皮。班组里发生的一些不愉快的事，基本上都是由工作职责不清引起的。三是理顺班组内部管理的关系。其关键是要建立一套科学合理的内部管理制度。这套管理制度，既不能束缚了人的手脚，也不能使班组内部管理处于混乱状态，更不能影响安全生产工作。班组里能否形成良好的人际关系，其内部管理的影响很大。

(2) 善待员工，是其有好心情的条件

影响上下级关系的原因很多，但绝大多数上下级关系不和谐的原因还是在领导者（班组长）一方。一般情况下，没有哪个员工愿意主动去得罪班组长。因此，处理好上下级关系，班组长要承担更多的责任和义务。这就要求班组长首先要尊重员工的人格。其次要尊重员工的工作。再次要尊重员工的个性特点。每个人的个性心理倾向和个性心理特征都存在着明显的差异，班组长要尊重员工的不同性格特点，不能因为员工的不同性格特点不被自己认可就对其做出错误的评价。最后要真诚地关心员工。因此，班组长应善待员工，尽量帮助员工解决生活中的困难，这样更能调动员工的工作热情。

(3) 公平公正，才能形成良好的机制

让员工的心情好起来，并不是说减少工作量，减轻工作压力，增加物质激励。正确的做法是建立起客观、公正、公平的竞争机制。公平理论创始人美国心理学家亚当斯认为，人们的积极性总是通过寻求人与人之间的社会公平而被激发的。公平感是一种影响人的积极性的普遍心理现象。公平感主要是从与他人的比较中产生的。当员工有公平感时，才会感到心情舒畅；当感到不公平时，就会抱怨、气愤和不满。要让员工的心情好起来，在班组里形成一种公平的氛围十分重要。作为班组领导，一要客观公正地对待员工；二要建立良好的竞争激励机制；三要以身作则。公平公正并不是完全针对员工的，班组长在自身行为上同样也要遵循公平公正这个原则。

(4) 适时调节，营造良好的氛围

心情是一种复杂的东西，但心情是可以通过人的活动进行调节的。让员工心情舒畅，班组长要与员工多接触、多交流。有的班组长对员工不闻不问，有时给员工摆出一副冷漠的面孔，让人望而生畏。其实，这样的班组长是不受员工欢迎的。多与员工接触交流，既能了解更多的信息，又能加强上下级之间的沟通，还能调节员工的心情。那些以工作多、事务杂、没有时间为由不与员工接触交流的做法是不可取的。另外，班组长要及时组织开展一些有益的安全活动，有效地调动员工的情绪。

总之，班组员工的心情好，安全教育、安全生产工作就顺利。要想使员工的心情好起来，一要理顺关系；二要善待员工；三要公平公正；四要适时调节。只有这样，才能使员工有好心情的基础，有好心情的条件，能形成更好的机制，能营造良好的氛围，员工的心情才能好起来。

94. 善于从员工中汲取安全工作智慧

（1）转变观念，正确对待员工的优点

在现实生活中，有不少班组领导缺乏向员工学习的精神，其主要原因在于思想观念和态度不正确。有的班组领导对自身估价过高，认为自己什么都比员工强，没必要去向员工学习；有的班组领导不能正确看待员工的优点，把员工在安全生产中的突出表现看成"出风头"；还有的班组领导对优点较多、能力较强的员工，不是给予应有的尊重，而是妒贤嫉能，给予打击和压制等。由于种种不正确的思想和不健康的心理作怪，在一些班组，班组领导和个别安全工作能力较强的员工之间产生了较大的隔阂。由此可见，班组领导者要增强向员工学习的意识，必须转变观念，端正心态。首先，应正确地评估自己。要克服高高在上、自以为是的思想，自觉把自己位置摆正。其次，应正确地看待员工。当看到员工的长处和优点时，要保持健康和良好的心态，既不要持轻视态度，也不要有自卑心理；既不要盲目吹捧，也不要妒贤嫉能，应当积极主动地学习借鉴员工的优点。

（2）注重观察，善于发现员工的优点

由于每个员工的性格特点、处事方式、工作作风等各不相同，其自身的优点也有不同的表现方式。有的直率外露，便于发现；有的含蓄内敛，不便于发现。班组领导者要想准确掌握员工的优点，就必须经常接近他们，用心去观察了解。一般来说，应做到"三多"：一是多看。通过"看"，了解每个员工的安全工作作风、安全工作态度、安全工作效率、安全工作绩效等。二是多问。要善于利用与员工谈心交流的机会，了解员工的安全知识理论水平、安全思想认识水平以及分析判断安全问题的能力等。三是多听。班组领导者可以通过个别交谈和会上发言，了解员工的口才及表达能力，了解员工的安全思想见解、安全工作思路、安全工作理想抱负等。通过多看、多问、多听，既可以全面了解员工的基本情况，又能够及时发现班组每个员工的优点和特长。这样，在班组安全教育中学习员工的安全智慧也就有了具体的目标。

(3) 放下架子虚心学习员工的优点

一是自觉向优点突出的员工看齐；二是虚心向经验丰富的员工请教；三是诚恳接受员工的批评。作为班组领导者，应当虚怀若谷、宽宏大量，能够容得下员工的牢骚，听得进员工的批评。不管是正确的批评还是错误的批评，不管是善意的批评还是恶意的批评，不管是尖锐的批评还是温和的批评，不管是当众的批评还是私下的批评，都应当冷静对待、诚恳接受，而后进行反思，属于正确的意见就虚心接受，属于错误的批评就引以为戒。

总之，班组的安全教育工作是双向的，班组对员工进行安全教育，反过来员工也能对班组的领导进行安全教育，这种双向的安全教育，有助于班组领导汲取优秀员工的安全工作智慧，有利于班组全员互相学习、互相促进、共同提高。

95. 让员工的安全工作才能发挥得更充分

(1) 善用

有胆有识之士多有强烈的自尊心和自信心，如果不相信他，不敢放手让他大胆地进行安全工作，就不可能调动起他的安全生产积极性。相反，如果信任他、理解他，就会使他产生巨大的精神动力，在充分信任的基础上，班组长要对员工的长处、优点、不足及个性特征等各个方面都有一定的了解。只有充分的信任，才能奠定员工与班组长默契配合、真诚相交的基础。班组长只有对员工信任，员工才会没有戒心地努力工作。在班组实际安全工作中，班组长应善用员工，一是要正确看待员工的能力和水平，综合分析，分类使用，扬长避短。二是要针对员工安全工作能力的高低，勇于把安全工作重担交给员工，从而使其鼓足勇气和干劲，在安全生产实践中得到锻炼和提高。在把某项重要的安全工作交给员工时，班组长还要充分考虑到员工的承受力。三是要大胆授予员工相应的权力，以调动员工的安全工作主动性、创造性和积极性，使其增强安全工作责任感，提高独立工作的能力，增强组织应变能力。员工在开展安全工作时遇到困难，有时要凭借权力才能有效解决。要使员工的才能发挥到极致，班组长切忌大权独揽，小权也不授予员工，使员工开展安全工作束手束脚。

(2) 善听

要使员工时时、事事、处处真正体验到自己的价值，班组长切忌主观武断，要诚心尊重员工，善于听取员工的安全工作意见，这是使员工的才能得到发挥的重要一环。一是在对自己分管的工作进行决策之前，要主动、认真、广泛地听取员工的意见，群策群力。班组长之所短也许正是员工之所长。当员工的意见不完全正确时，也要注意耐心听完并认真加以分析，尽量吸收其中的合理部分；当员工的意见与自己的意见有明显分歧时，要冷静地思考是非对错，并坚持正确的意见；当员工的意见与自己的想法在本质上一致，只是形式上有所不同时，不要在细枝末节上求全责备。切忌在正式场合，把自己认为不正确的但员工经过长时间思考的意见驳得体无完肤，否则，以后将永远失去一名员工的建议，永远也不能集思广益，只能成为孤家寡人。二是对员工从事的安全工作，不要随意干预。班组长要使员工在其位、谋其政、尽其责、取其利、获其荣、惩其误。特别是遇到外行班组长领导内行员工的情况时，班组长要以服务、协调为基本原则，切忌对自己不熟悉的业务性、技术性较强的工作指手画脚。如果员工有新的思路和想法，只要没有原则性错误，又有利于安全生产，都要大力支持，积极协调落实。

(3) 善激

杜拉克认为，一个组织中"倘使所有的人都没有短处，其结果至多是一个平凡的组织。才干越高的人缺点也越明显"。用人不是要他们听话、顺从，跟自己合得来，而是要激励员工的创造热情，"使平凡的人能干不平凡的事"，切记"人才有用不好用，奴才好用没有用"。人的能力有高低，才能有大小，每个人的特长、专长、智力各有不同，班组长要善于激励其成长，抛弃其短，量才使用。大材小用是浪费，小材大用则不能胜任，重用奴才则后患无穷。因此，班组长要克服私心杂念，要多注意员工的长处，并激励其所长，使每个员工都感到工作上有用武之地，发展上有广阔的空间，岗位上有施展才华的舞台，从而工作安心，干劲十足。

(4) 善帮

班组长主动关心、热情帮助员工是安全工作领导艺术的具体表现，当员工在安全工作中取得成绩时，要及时鼓励，并适时提出新目标，压上更重的担子，一则打消其骄傲自满的情绪，二则激励其潜能的发挥。特别是对那些对自身要求严格，积极要求进步，不愿轻易麻烦班组、麻烦班组长，家庭确实有困难的员工，更要注意真诚地为他们排忧解难，使他们感觉到班组的温暖。作为一名班组长，对员工不仅要主动关心，更要热情帮助。这样员工的安全生产才能充分显露出来，班组长才能创造安全生产效率。在班组实际的安全工作中，主动关心，热情帮助员工还要注意两点：一是对员工的缺点要善意批评，批评时要注意场合，不搞批斗，尽量缩小范围，减轻影响，以达事半功倍的效果。二是对员工安全工作上的失误要主动弥补，对其过错要主动承担责任，以减轻员工的心理压力，使其轻装上阵，继续做好本职工作。

总之，让班组员工在安全生产中的才能得到充分发挥，安全教育必不可少。班组长只有学会"四善"，才能有效地把员工的安全生产才干发挥出来。善用、善听、善激、善帮均是安全教育的有效形式。

96. 安全教育善用发散思维

发散思维又称辐射思维、放射思维、扩散思维或求异思维，是指大脑在思维时呈现的一种扩散状态的思维模式，它表现为思维视野广阔，思维呈现出多维发散状。如"一题多解""一事多写""一物多用"等方式，均能培养发散思维能力。不少心理学家认为，发散思维是创造性思维最主要的特点，是创造力的主要标志之一。

首先，从发现问题的角度来看，班组领导者思维的发散面越广、发散量越大，就越能敏锐地发现安全教育问题和提出安全教育问题。安全教育问题是思维的起点，只有发现安全教育问题才能提出班组领导思维课题，确定班组领导思维方向。如果连安全教育问题都找不到，有价值的班组领导思维活动就无从谈起。一个思维封闭的班组领导者往往很难发现问题，即使发现了问题，也往往是些无关紧要的或人所共知的小事情、老问题。有些班组领导总是把班组的现在和过去进行比较，把自己班组的优点和别人班组的缺点进行比较，总觉得现在比过去好、自己比别人强，沾沾自喜，不思变革、不思进取。而持有发散思维的班组领导者则不同，他们不只是把现在和过去的安全教育进行比较，而且同未来的安全教育比、同周围的安全教育比、同国内国外安全教育比，这样就容易发现本班组的安全教育问题，明确班组安全教育的方向和任务。

其次，从解决班组安全教育问题的角度来看，班组领导思维的发散面越广、发散量越大，解决安全教育问题的办法也就越多，有价值的办法出现的可能性也就越大，从中选优，就可以筛选出解决班组安全教育问题的最佳方法。当班组领导遇到安全教育问题时，如果打不开思路，将思维禁锢在陈规陋习、条条框框中，只有极少的解决问题的老办法，那就没有选择的余地，也无法进行比较。如果采用发散思维，就能拓宽思路，找出多种可行的解决班组安全教育问题的方案，就有比较和选择的余地，可供选择的余地越大，也就越能选择出有价值的方法来，从而为取得最佳的班组安全教育提供可能。

再次，从总结经验的角度来讲，班组领导者安全教育工作发散思维面越广、发散量越大，总结的经验教训就越全面，就越能正确指导今后的安全教育工作，减少安全教育工作中的失误。一个具有发散思维的班组领导在总结思维成果时，不只是看成绩，还看差距和不足。这样，他就会不满于现有的成绩，就不会把成绩归功于自己，而是归功于班组和员工。这样的班组领导才能永远不自满、不骄傲、不停步。

最后，从思维创新的角度来讲，发散思维是领导者创造性思维的一种重要形式，没有发散思维就没有领导者的创造性。可以说，领导者的思维创造，几乎都是运用发散思维的结果。善于发散思维的企业班组领导，善于吸取旧事物、旧观念中的合理因素，在继承的基础上进行创新，提出自己的新观点、新思想。

总之，在班组安全教育活动中，为了有效地提高安全教育质量和效果，班组领导要运用发散思维的方法，去发现安全教育过程中的问题；运用发散思维的方法，去解决安全教育中的问题；用发散思维的方法，去总结安全教育中的经验和教训。这样，发散思维就能够起到解决安全教育问题核心性作用，起到解决安全教育问题基础性作用，起到解决安全教育问题的保障性作用。

97. 学习力是员工安全工作能力的重要标志

（1）学习力在班组员工诸种能力中的地位

首先，学习力是企业班组诸种能力的综合反映。学习力的高低不仅代表着一个人的文化知识基础，还代表着一个人的价值观，更是一个人诸种能力的集中体现。发现问题、分析问题、解决问题是企业员工履行安全职责的基本内容。学习力的内化层面决定着一个人发现问题、分析问题的水平，而学习力的外化层面则决定着一个人解决问题的能力。从某种意义上讲，企业员工安全生产能力的展现过程，实质上也是学习力释放的过程。

其次，学习力是动态衡量班组员工能力高低的真正尺度，是衡量班组员工潜能的标尺。从某种角度讲，对于员工的选拔任用是对员工潜能的一种推测和判断。根据班组员工现有的学识和能力，与其对员工到新的工作环境、更重要的工作岗位上、面对新的工作要求和任务是否能胜任进行考察，不如对其学习力进行考察。在社会各方面飞速发展变化的时代，预测班组员工未来所能具备的知识和能力是很难的，但却可以对班组员工对未来时代所需新知识的态度，即获得和运用能力（学习力）做出评价。

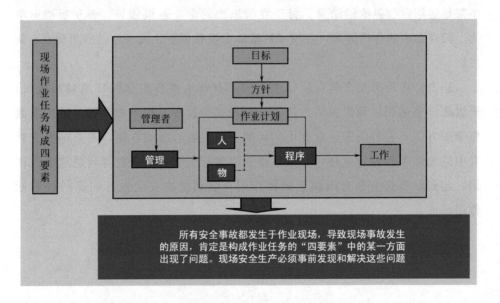

（2）提高班组员工学习力的基本途径

一要保证旺盛的学习热情；二要不断提高自身的文化知识层次；三要善于在实际工作中实践、总结、提高；四要勇于创新，乐于从事具有开创性的工作。

学习力是班组员工搞好安全生产工作的基础力，学习力是检验班组员工安全教育培训的试金石。学习力就是安全教育的体现，也是安全教育的成果。班组开展安全教育活动，其目的就是提高员工的学习力，进而提高员工的安全生产水平。

98. 班组安全教育培训存在的问题与对策

当今企业的核心竞争力取决于员工的素质,而安全教育培训是提高员工素质的主要手段,其实质是一种人力资本投资,可以使人力资本的价值得到提升,从而提升企业的竞争力。

(1) 员工安全教育培训存在的问题

a. 思想观念陈旧,对教育培训不重视。首先,企业领导对安全教育培训不重视。由于安全教育培训见效慢,不可能在短期内看到回报,因此很多企业领导在急功近利思想的影响下,不重视员工安全教育培训工作,有的甚至为降低生产经营成本,还压缩、挤占甚至取消安全教育培训经费。其次,员工对安全教育培训态度消极。在传统观念中,参加教育培训的员工是那些表现不佳的员工,再加上教育培训内容枯燥、方法单一,员工对参加安全教育培训有抵触情绪,即使参加了也是混日子。再次,员工上岗没有持证要求,除少数国家规定的特殊工种外,大多数企业对员工持证上岗没有明确要求,不少企业甚至对国家规定的特殊工种同样采取无证上岗,这导致员工缺乏安全学习的压力和动力,自然也就不会重视安全教育培训工作。

b. 安全教育培训与安全生产需求脱节。首先,安全教育培训之前缺少需求分析,教育培训的目的不明确。许多企业在年初制订安全教育培训计划时,不是深入班组岗位进行安全培训需求调研,而是根据企业现有岗位编制安全培训计划,因而不知道企业哪些班组、哪些岗位、哪些员工出现了工作能力不能满足实际需要的情况。其次,教育培训对象不明确。班组员工素质参差不齐,教育培训需求各异,企业既需要通过教育培训提高安全技能差的员工的能力,也需要加强对骨干员工的培养以提高其技能。但大多数安全教育培训没有考虑这些,因此很难取得理想的效果。再次,安全培训内容不实用。培训内容没有针对班组和员工的个性需求进行专门设计,员工所学的东西不能马上运用于安全生产工作,或者仅能部分运用而非系统地实施,这降低了员工对安全培训的期望值。最后,有些安全培训是上级部门摊派的任务,与企业和班组需求相差甚远，没有任何效果。

c. 安全教育培训缺乏考核。首先，企业常把安全教育培训当作一次性任务。教育培训课程结束，认为教育培训任务就完成了，不对员工的培训效果进行考核，不重视教育培训效果。其次，没有投入产出核算。这既影响到教育培训效果的经济效益的考核，难以对以后的教育培训起到借鉴作用，也影响到企业整体成本核算和效益分析。再次，缺乏激励机制。对员工参加安全教育培训的好坏没有奖惩，致使员工参加教育培训的积极性不高，教育培训效果不理想。

(2) 员工安全教育培训应采取的对策

a. 认识教育培训的作用，更新教育培训观念。首先，安全教育培训是调整人与事之间的矛盾，实现人与事和谐的重要手段。对于不适应岗位安全生产要求的员工，通过必要的安全培训，可以促其更新观念，增长安全知识，提高安全能力，重新适应岗位的安全生产要求。其次，安全培训是建设优秀班组安全文化的有力杠杆，是把班组打造成时代所要求的"学习型组织"的基本手段。再次，安全教育培训是竞争优势的重要来源。企业的竞争来源于创新，而员工素质的提升和创新能力的培养则是创新的前提。因此，企业领导应克服以往只注重眼前利益的短视行为，认识到安全教育培训的战略作用，带头参加安全培训，给员工做出榜样。

b. 进行安全需求分析，明确安全培训目标。首先，对现有岗位人员进行安全素质调查。其次，分析员工安全素质现状与企业安全生产目标的差距，并以此确定企业的安全培训需求，对于制约企业安全发展的瓶颈因素，应优先考虑解决。再次，与各级领导和员工共同制订安全教育培训计划。最后，根据安全培训内容和要求选择培训机构。在企业内部可以完成的安全培训，由企业自行解决；在企业内部不能完成的安全培训，则应该经过仔细调查，选择合适的外部安全培训机构来进行。

c. 创新安全培训内容。首先，安全培训内容应尽量避免陈旧、教条，应增加可实际操作的内容。其次，应增加员工在安全工作中所需要的沟通技巧、团队合作等内容，因为现在很多安全工作不是员工个人就能完成的，而是要由几个人或一个团队来共同完成。再次，应将安全文化作为安全培训的重要内容。最后，应根据安全工作需要和时代变化，及时拓展安全教育培训内容，只有不断给员工和企业补充新鲜的安全知识、安全技能、安全思想、安全观念，才能使其赶上时代前进的步伐。

总之，安全教育培训质量决定着员工的素质，也决定着企业的核心竞争力。如何加强员工的安全教育培训，尽快提高员工安全素质，已成为企业发展的关键问题，应当引起企业的高度重视。

99. 头脑风暴法在班组安全教育中的应用

（1）"头脑风暴法"的理论依据

"头脑风暴法"最初用于广告设计，后来在大型企业的信息分析决策中被广泛应用。其理论依据是模仿了人类大脑神经元发散型的结构，把我们的思维形成一个思维地图。构成我们大脑神经的神经元，就好像是一棵大树，分出无数的枝杈，这些枝杈就是神经元的树突，树突越多，就越容易和其他神经元相连，人也就越聪明。"头脑风暴法"符合我们自然的记忆模式，同时它也强调逻辑性，可以帮助我们记忆信息、激发灵感。

（2）"头脑风暴法"需要坚持的原则

一是创设一种自由的气氛，参加者不应该受任何条条框框限制，放松思想，让思维自由驰骋。从不同角度、不同层次、不同方位大胆地展开想象，尽可能地标新立异，与众不同，提出独创性的想法，甚至是荒诞的想法。

二是在现阶段有价值的是"量"，而不是"质"。提出的建议越多越好，发言量越大、意见越多种多样、所论问题越广越深，出现有价值设想的概率就越大。

三是评价和判断都要到头脑风暴结束以后才能进行。这样做一方面是为了防止评判约束与会者的积极思维，破坏自由畅谈的有利气氛；另一方面是为了集中精力先开发设想，避免把应该在后阶段做的工作提前进行，影响创造性设想的大量产生。

四是绝对禁止批评。这是头脑风暴法应该遵循的一个重要原则。参加头脑风暴会议的每个人都不得对别人的设想提出批评意见，因为批评对创造性思维无疑会产生抑制作用。同时,发言人的自我批评也在禁止之列。有些人习惯于用一些自谦之词,这些自我批评性质的说法同样会破坏会场气氛,影响自由畅想。

(3)"头脑风暴法"与安全教育培训

安全教育培训是企业安全文化建设的一种重要形式,是企业适应新形势的需要,是建立企业安全文化的需要,也是提高生产一线工人的安全意识和知识技能、大幅度减少安全事故发生的现实要求。在班组安全教育培训中运用"头脑风暴法",可以让员工互相启发、互相帮助、共同提高,使员工积极思考作业活动中可能存在的安全风险和职业危害,在员工头脑中不断强化规范、科学的安全作业流程,使员工自觉形成安全作业习惯,从而达到"我要安全"的安全教育培训的目的。

100. 如何做好班组安全教育工作三论

(1) 认识班组安全教育的意义

班组安全教育以提高全员安全素质为主要任务,具有保障安全生产的基础性意义;班组安全教育是预防事故的一种"软"对策,对预防事故具有长远的战略性意义;班组安全教育通过对人的观念、意识、态度、行为等形式从无形到有形的影响,从而对人的不安全行为产生控制作用,达到减少人为事故的效果。由于班组安全教育是一项基础性、战略性工程,所以需要从长计议、持之以恒,急功近利是达不到目的的。

(2) 班组安全教育培训的方法

a. 讲授法。这是教学最常用的方法。安全知识教育,使人员掌握基本安全常识和知识,进行专业安全知识的培训教育,对日常操作中的安全注意事项再进行学习,对于潜藏的、凭人的感官不能直接感知其危险性的不安全因素的操作进行分析。通过安全知识教育，使操作者了解生产过程中潜在的危险因素及应采取的防范措施等。

b. 读书学习法。班组长根据本岗位实际，采用黑板报等形式，对岗位作业的危险性程度进行分析，对岗位存在的危险因素进行分析，组织岗位班组员工进行系统学习，掌握岗位安全生产的基本常识和基础知识。

c. 复习巩固法。安全知识一方面随生活和工作方式的发展而改变，另一方面安全知识的应用在人们的生活和工作过程中是偶然的，这就使得已掌握的安全知识随时间的推移而退化。所以，安全知识也要不断更新。"警钟长鸣"是安全领域的基本策略，"温故而知新"是复习和巩固的理论基础。所以，班组长要组织班组成员天天学、反复学，做到持之以恒。

d. 研讨学习法。班组长要利用空闲时间组织班组成员一起进行研讨学习，互相启发、取长补短，达到深入消化、理解和增长知识的目的。

(3) 增强员工实际安全工作水平和技能

经过安全知识教育，尽管操作者已经充分掌握了安全知识，但是，如果不把这些知识付诸实际，仅仅停留在"知"的阶段，则不能收到实际效果。安全技能是只有通过受教育者亲身实践才能掌握的东西，也就是说，只有通过反复的实际操作、不断地摸索才能熟能生巧，才能逐渐掌握安全技能。这要从增强员工的执行力做起。

a. 培养班组员工的执行意识。空谈误事，实干兴企，每一位员工都有责任和义务创造性地完成本岗位赋予的职责。班组长教育员工不仅要通过执行制度来完善制度，还要善于常反思自己，问问自己做了什么、应该做什么、还能做什么，自觉培养执行的意识，实现由"外界施压、被动接受"向"自我加压、自我管理"的转变。

b. 提高班组员工的执行技能。一方面要"因岗施教"，不同岗位的员工所需的执行技能是不同的，由于诸多方面的因素，从事同一类工作的员工其执行力也是存在差异的；另一方面，培养班组员工的执行技能要着眼长远，采取更为有效的措施，在提高不同岗位的关键技能方面有新的突破。

c. 提升班组员工的执行意愿。这要从员工对企业的满意度开始，通过把"人本"理念渗透到企业改革发展的全过程，从精神、物质和利益等方面的维护入手，建立健全有竞争力的员工薪酬分配制度和激励约束机制，最大限度地调动员工的积极性和创造性，提高员工的自觉性和主动性。

参考文献

[1] 崔政斌. 班组安全建设方法 100 例. 北京：化学工业出版社，2004.
[2] 崔政斌. 班组安全建设方法 100 例新编. 北京：化学工业出版社，2006.
[3] 崔政斌. 班组安全建设方法 100 例. 第 2 版. 北京：化学工业出版社，2011.
[4] 崔政斌等. 班组安全建设方法 160 例新编. 第 2 版. 北京：化学工业出版社，2015.
[5] 崔政斌等. 班组安全建设方法 160 例. 第 3 版. 北京：化学工业出版社，2016.
[6] 崔政斌，杜冬梅. 班组精细化安全管理. 北京：化学工业出版社，2019.
[7] 崔政斌，徐德蜀，邱成. 安全生产基础新编. 北京：化学工业出版社，2004.
[8] 郑晓彬等. 班组安全精细化管理实务. 北京：企业管理出版社，2017.
[9] 王凯全. 化工生产事故分析与预防. 北京：中国石化出版社，2008.
[10] 罗云. 注册安全工程师手册. 第 3 版. 北京：化学工业出版社，2020.
[11] 马重山等. 细节案例：细节创新启示录. 北京：人民日报出版社，2008.
[12] 崔政斌. 事故之本因及其预防. 化工劳动保护，1998，（3）.
[13] 崔政斌. 编发安全信息的方法及提高其质量的途径. 工业安全与防尘，1998，（2）.